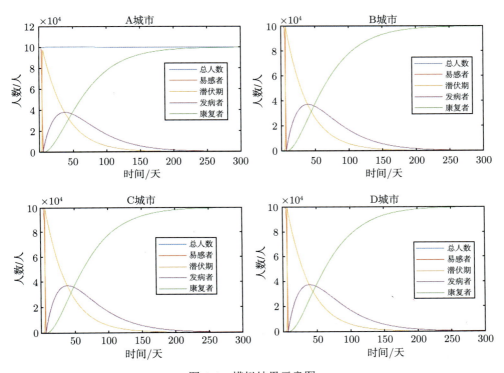

图 9.4 模拟结果示意图

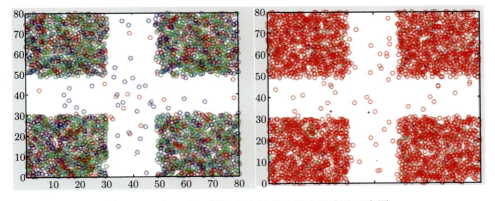

图 9.5 MATLAB 模拟 4 个城市之间人员流动示意图

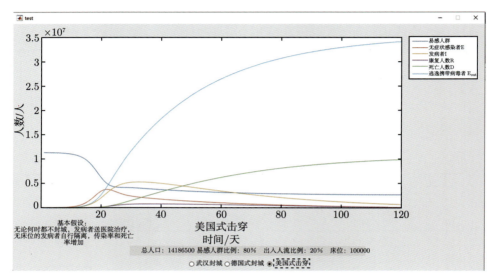

图 9.6 自然状态

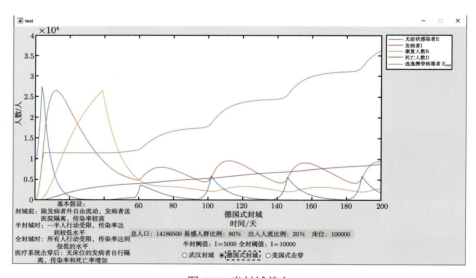

图 9.7 半封城状态

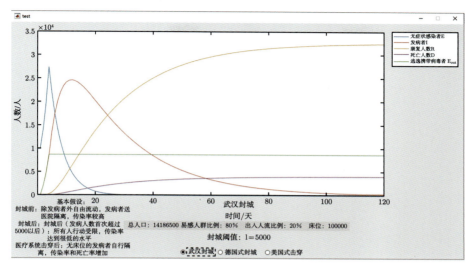

图 9.8 完全封城状态

公共安全决策
技术与方法

陈涛 朱荑 胡祥敏 编著

清华大学出版社
北京

内 容 简 介

本书介绍了马尔可夫决策过程及其他相关方法在公共安全领域的应用,从处理大多数实际问题使用的马尔可夫假设开始,围绕着马氏决策过程和动态规划贝尔曼方程,依次介绍有限状态问题、无限状态问题和折扣成本问题,之后分别针对马氏过程的各个要素,从状态集、动作集等方面进行扩展深化,介绍了 Q 学习、近似线性规划、隐马尔可夫模型和部分可观测马尔科夫模型,并用一章简略介绍其他常用决策算法.

本书主要面向安全科学与工程专业的高年级本科生,可作为其安全决策方法类课程的教材,同时也可作为其他运筹规划类学科马尔可夫过程部分的参考资料.

版权所有,侵权必究。举报:010-62782989,beiqinquan@tup.tsinghua.edu.cn.

图书在版编目(CIP)数据

公共安全决策技术与方法/陈涛,朱莫,胡祥敏编著.—北京:清华大学出版社,2023.10
ISBN 978-7-302-62339-7

Ⅰ.①公⋯ Ⅱ.①陈⋯ ②朱⋯③胡⋯ Ⅲ.①公共安全-安全管理-研究 Ⅳ.①D035.29

中国国家版本馆 CIP 数据核字(2023)第 011173 号

责任编辑:朱红莲
封面设计:傅瑞学
责任校对:薄军霞
责任印制:沈 露

出版发行:清华大学出版社
网　　址:http://www.tup.com.cn, http://www.wqbook.com
地　　址:北京清华大学学研大厦 A 座　　邮　编:100084
社 总 机:010-83470000　　邮　购:010-62786544
投稿与读者服务:010-62776969,c-service@tup.tsinghua.edu.cn
质量反馈:010-62772015,zhiliang@tup.tsinghua.edu.cn

印 装 者:三河市铭诚印务有限公司
经　　销:全国新华书店
开　　本:170mm×240mm　　印　张:8.75　　插　页:2　　字　数:158 千字
版　　次:2023 年 10 月第 1 版　　印　次:2023 年 10 月第 1 次印刷
定　　价:35.00 元

产品编号:095480-01

序言

随着我国经济社会发展和人民生活水平不断提高,公众对安全的重视程度和需求依赖也随之上升,公共安全事业已经成为新时代关系国计民生的重大任务. 当前,我国的公共安全研究主要从突发事件、承灾载体、应急管理三个维度展开,通过突发事件物理动力学规律和科学决策方法的研究,以及现代化的应急管理手段,实现灾前精准预防、灾中高效处置、灾后快速重建的目标.

突发事件决策方法是应急管理中的重要部分,通过对决策技术和方法的创新,可实现灾前的有效预防和灾中的高效处置. 结合应急管理的特点,以及突发事件预防处置的科技内涵,本书重点介绍动态规划算法中的马尔可夫决策技术与方法. 顾名思义,马尔可夫决策理论是建立在马尔可夫过程上的基础理论和数学方法. 所谓马尔可夫过程,是特指未来发展规律与之前的历史状态无特定关联的一种随机过程. 因此,马尔可夫性又可简单叙述为状态转移概率的无后效性. 常见的马尔可夫过程有传染病的感染人数、布朗运动、车站排队人数、救援物资调度等.

目前,国内外介绍决策方法的相关书籍和教材,大多面向经济管理领域,相关理论和数学模型侧重于经济管理中的收益成本分析,缺乏专门面向公共安全领域的决策方法类教材. 在公共安全风险日益复杂化的情况下,我们亟须培养兼具扎实数理基础和实际工程经验的应急决策人才,这使得专门针对公共安全领域的教材十分重要.

本书是一本针对公共安全领域决策方法的基础性教材,可以说是弥补空缺的一本教材. 书中系统介绍了马尔可夫决策过程在公共安全领域的应用,兼具广度与深度. 结合公共安全的实际问题,本书的具体内容从介绍马尔可夫假设开始,围绕着马氏决策过程和动态规划贝尔曼方程,依次介绍有限状态问题、无限状态问题和折扣成本问题,之后分别针对马氏过程的各个要素,从状态集、动作集等方面向外扩展出 Q 学习、近似线性规划、隐马尔可夫模型和部分可观测马尔可夫模型,既有理论深度又有很强的技术针对性. 同时,本书还系统介绍了可用于公共安全决策的其他常用算法,使得本书在重点突出的同时,又具有一定的广度. 在难与易的把握上，本书力求避免复杂艰深的数学概念，书中的定理证明和公式推导只需要基本的高等数学知识，并对有关数学内容以附录形式做出了详细说明. 同时，在每一个章节，本书都配有生动详细的案例，辅助学习并加深理解. 在此基础上，另有一整章内容，详细讨论相关方法用于安全领域决策的典型案例，使得读者既能清楚理解本书理论和方法，还可结合实际掌握相关方法的具体应用.

陈涛老师是我的学生，也是我的同事，在突发事件应急决策方面，具有扎实的研究基础和丰富的实践经验. 在本书中，他选取马尔可夫决策过程作为出发点和核心内容，主要基于以下考虑：(1) 尽管决策方法本身范围广、种类多，但马尔可夫性假设是对大多数问题都适用的有效条件，可以简化问题的分析，有较大的实际应用价值；(2) 马尔可夫决策过程中以贝尔曼方程为核心的分析方法有严格的理论保证，在描述时可以嵌入微积分、线性代数和概率统计的知识，在确保严谨性的同时，可提高读者应用数学知识解决决策问题的能力；(3) 马氏决策过程的不同类型 (无限阶段、有限状态、折扣成本) 和不同变种 (隐状态、Q 学习) 实际上是层层递进的，有清晰紧密的逻辑关系，体现了处理现实问题时可能遇到的不同挑战. 在例题和案例的选择上，本书既有简化条件的应急救援和物资运输等问题，也有基于日本地震等实际灾害场景的人员疏散等问题，使得读者可以充分理解书中的公式和定理，掌握书中介绍的模型方法及其应用.

当前，在公共安全领域，突发事件应急决策技术和方法属于新型交叉领域，具有很大的挑战性，在很多方面的研究尚处于不断深入和完善的过程中，但有理由相信，以马尔可夫决策理论为代表的一系列应急决策技术与方法的研究，必将为科学、准确、高效的应急处置提供强有力的科学支撑.

范维澄
2023 年 7 月

第1章 马尔可夫决策理论简介 ································· 1
  1.1 序列决策问题 ···································· 1
  1.2 马尔可夫过程定义 ································ 2
  1.3 马尔可夫决策理论表示方法 ························ 4
  1.4 马尔可夫决策过程问题分类 ························ 7

第2章 有限阶段问题 ··· 8
  2.1 有限阶段问题概述与逆推归纳法 ···················· 8
  2.2 动态规划理论 ·································· 12
  2.3 相关例题与讲解 ································ 15

第3章 折扣成本问题 ·· 20
  3.1 折扣成本问题的引入 ···························· 20
  3.2 贝尔曼方程与动态规划算子 ······················ 21
  3.3 数值迭代算法与解的存在性 ······················ 23
  3.4 贝尔曼方程解的唯一性 ·························· 29
  3.5 策略迭代算法 ·································· 30
  3.6 平稳策略最优化 ································ 35

第4章 平均成本问题 ·· 36
  4.1 问题描述与问题转化 ···························· 36
  4.2 平均成本问题的最优策略 ························ 38
  4.3 与折扣成本问题的关系 ·························· 39

第5章 Q学习 ··· 46
  5.1 异步数值迭代与实时数值迭代 ···················· 46
  5.2 探索-利用权衡 ································· 47
  5.3 Q函数与Q学习算法 ····························· 49
  5.4 Q学习算法的收敛性分析 ························· 50
  5.5 Q学习的应用实例 ······························· 51

第 6 章 线性规划方法 55
6.1 贝尔曼方程求解的线性规划表述 55
6.2 线性规划问题的对偶形式 56
6.3 近似线性规划 58
6.4 应用实例 61

第 7 章 隐马尔可夫模型 66
7.1 隐马尔可夫模型简介 66
7.2 隐马尔可夫模型动力学 67
7.3 前向算法 69
7.4 后向算法 74
7.5 维特比算法 78

第 8 章 部分可观测马尔可夫决策过程 85
8.1 HMM 滤波 85
8.2 有限阶段 POMDP 问题 86
8.3 POMDP 的信念空间表述 88
8.4 机器更换的 POMDP 示例 90
8.5 有限观测状态的有限阶段 POMDP 求解方法介绍 93
8.5.1 精确算法：逐步剪枝 94
8.5.2 Lovejoy 次优算法 95

第 9 章 应用案例介绍 97
9.1 灾难中的人员疏散问题 97
9.2 基于马尔可夫过程和 SEIR 模型的传染病预测 100
9.2.1 模型分析 101
9.2.2 数据来源及参数 102
9.2.3 结果分析 104
9.2.4 不足与改进 106
9.3 贫困县精准扶贫资源分配优化 107
9.3.1 精准扶贫解析 107
9.3.2 模型假设 108
9.3.3 模型构建 108
9.3.4 算例验证 110
9.4 基于马尔可夫决策过程的国家撤侨方案设计 112
9.4.1 撤侨模型的建立步骤 113

9.4.2　利比亚撤侨问题的 MATLAB® 仿真 ················· 117
　　　9.4.3　结论与总结 ······································ 120
第 10 章　其他常用算法介绍 ·································· 122
　10.1　贪婪算法 ·· 122
　10.2　分治算法 ·· 123
　10.3　回溯法 ·· 124
　10.4　分支限界法 ·· 125
　10.5　大数据决策方法概述 ·································· 128
附录　数学基础补充内容 ···································· 129
参考文献 ·· 131

第 1 章

马尔可夫决策理论简介

公共安全事件的处置,是一个长期、持续、多阶段的过程,环境、资源、事件时刻都在发生变化. 要想达到最佳的处置效果,就必须根据公共安全事件的发展状态来不断调整决策策略. 在不确定的条件下,决策者不仅仅要考虑所做决策的即时效应,同时也要为将来的决策留出空间和机会. **马尔可夫决策过程**便是针对其中一类特殊的**序列决策问题**而产生和发展的,当前也在公共安全事件处置中得到了越来越多的应用. 本章将初步介绍马尔可夫决策过程的一些相关概念,给出马尔可夫决策过程的一般记号及定义,并利用一些例子来说明马尔可夫决策过程的应用.

1.1 序列决策问题

许多决策问题都需要多次做出决定,而不是做出一次判断、下定一次决心就结束了的,例如工厂每个月的原材料采购量、商店每天的进货量,都需要决策者按照一定的周期进行安排,这就构成了序列决策问题. 序列一词顾名思义,说明这个问题需要按照顺序逐个阶段进行决策. 序列决策,又称多阶段决策、序贯决策,也有人称之为动态决策. 一般而言序列决策问题又可以分为确定的和随机的两大类,本书主要针对单目标序列决策问题进行介绍. 单目标决策是针对多目标决策而言的,例如我们在采购商品时既想要物美又想要价廉,这就是个典型的多目标决策问题;而选择哪一班列车能最快到达北京参加会议就是一个典型的单目标决策问题.

图 1.1 所示是一个典型的序列决策过程. 在任意时刻 t,这一复杂系统的决策者可以观察到当前系统所处的状态,并根据当前的状态和资源在可用行为集合中选择一个行为作为当前的决策. 随后,该决策行为将会对系统产生一定的影响,这个影响有两个方面,第一是产生了一个当前时刻立刻获得的收益或者损失,第二则是对当前复杂系统的状态产生了影响,从而使系统在下个阶段即 $t+1$ 时刻转移到新的状态. 在新的时刻 $t+1$,决策者重复了上一时刻的过程,针对 $t+1$ 时刻系统的状态和资源来做出新阶段的决策. 随着时间的推移,决策者不断重复这

样的决策过程，每个决策时刻下，系统的状态和可选的行为集合可能会发生改变，但是决策者所面临的问题是相同的. 如此循环往复则构成了一个序列决策过程.

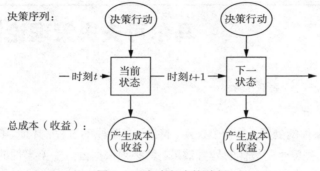

图 1.1 多阶段决策过程

我们可以将该序列决策模型中的关键点列举如下：
1. 所有需要做出决策的时刻集合；
2. 系统的可能状态集合；
3. 全体可用行为集合；
4. 根据系统状态和选择行为而确定的即刻收益或损失集合；
5. 根据系统状态和选择行为而确定的下一时刻系统状态的转移概率集合.

一般而言，我们认为在序列决策问题中，上述几个要点都是决策者在进行决策前就已知的. 这样我们就可以用上述关键点来描述一个序列决策模型. 在每一个需要决策的时刻，系统的状态就为决策者的决策提供了所有必要的信息，而决策者考虑了当前的系统状态、可用行为集合、即刻收益集合以及系统状态的转移概率后，给出当前的最优决策. 随着时间的推移，决策者就可以获得针对当前问题的决策序列和收益序列.

本书主要讨论一类特殊的序列决策问题——马尔可夫决策过程，它的特点是可用行为集合、即刻收益集合和转移概率都只依赖于当前的系统状态和选取的行为，与之前的历史无关. 尽管看上去这类问题非常受限制，但是实际上已经足够解决大部分的序列决策问题.

1.2 马尔可夫过程定义

马尔可夫性是指一个随机过程未来发展的概率规律与观察之前的历史无关的性质，又可以简单描述为状态转移概率的无后效性. 状态转移概率具有马尔可夫性的随机过程即为**马尔可夫过程**.

马尔可夫决策过程 (马氏过程) 是指决策者周期地或连续地观察具有马尔可夫性的随机动态系统, 连续地做出决策. 即根据每个时刻观察到的状态, 从可用的行动集合中选用一个行动作为决策, 系统下一步 (未来) 的状态是随机的, 并且其状态转移概率具有马尔可夫性. 需要注意到, 这不是个一次性的决策问题, 随着时间的推移, 必须一直采取行动, 称为**渐进**的决策过程. 对于离散状态的马尔可夫过程, 我们称之为马尔可夫链 (马氏链). 需要注意的是, 马尔可夫过程描述的是一个随机过程.

针对马尔可夫性, 我们给出以下定义:

定义 1.1 若系统的未来状态 $x_{t+1}, x_{t+2}, \cdots$ 仅与当前状态 x_t 有关, 而与历史状态 $x_{t-1}, x_{t-2}, \cdots$ 无关, 则该系统具有马尔可夫性.

可以从条件概率的角度对上述定义进行理解, 对于任意的时刻 $t_1 < t_2 < \cdots < t_n < t_{n+1} \in T$, 将当前时刻 t_n 视作 "现在", 则可以得到以下结论:

$$P(X(t_{n+1}) = j | X(t_1) = i_1, X(t_2) = i_2, \cdots, X(t_n) = i_n) \\ = P(X(t_{n+1}) = j | X(t_n) = i_n) \tag{1.1}$$

其中, $\forall i_1, i_2, \cdots, i_n, j \in I$, I 为状态空间.

易知满足无后效性的随机过程均为马尔可夫过程, 例如泊松过程、维纳过程等. 例如:

1. 考虑到食堂用餐的学生人数, 不妨记 $X(t)$ 为在时间 $(0, t]$ 内到达食堂的学生人数, 则计数过程 $\{X(t), t \geqslant 0\}$ 是一个泊松过程, 也是一个马尔可夫过程.

2. 微观粒子的布朗运动, 每时刻的横坐标 $\{X(t), t \geqslant 0\}$ 是一个维纳过程, 也是一个马尔可夫过程.

3. 自然状态下传染病的扩散过程, 每时刻的感染人数 $\{X(t), t \geqslant 0\}$ 是一个马尔可夫过程.

马尔可夫的四大子问题的关系可以用表 1.1 来表示.

表 1.1 马尔可夫子问题分类

	不考虑外界动作	考虑外界动作
状态完全可观测	马尔可夫链 (Markov chain, MC)	马尔可夫决策过程 (Markov decision process, MDP)
状态不完全可观测	隐马尔可夫模型 (hidden Markov model, HMM)	部分可观测马尔可夫决策过程 (partially observable Markov decision processes, POMDP)

1.3 马尔可夫决策理论表示方法

为了清晰地描述一个马尔可夫决策过程，我们将前文中序列决策模型的关键点用下面的**七要素**对其进行刻画.

1. **阶段**：对于一个马尔可夫过程，可以按照一定的标准分为若干阶段，记为 t，通常可以用时间作为参数，有时也可以用位置等作为参数. 阶段的集合记为 T.
2. **状态**：用于描述系统特征的变量 x_t，状态的集合记为 S.
3. **决策 (方案)**：决策者在每个阶段可采取的行动方案，记为 a_t，所有可供选择的决策方案集合记为 A_{x_t}.
4. **状态转移概率**：在一定方案下，系统经过一个阶段从某一状态 x 转移到另一状态 y 的可能性，记为 $P_a(x,y)$. 也有人使用 $T(x,a,y)$ 表示在状态 x 下采取行为 a 后转化为状态 y 的概率.
5. **成本**：在当前状态 x_t 下采取某一决策 a_t 后所产生的即时后果，包括了成本和收益，记为 $g_{a_t}(x_t)$，在本书中，将收益视为负成本，故后文均以成本代替成本和收益. 同样也可以将成本视为负收益，在收益的语境下进行讨论.
6. **策略**：根据当前状态 x_t，从可选行为集合 A_{x_t} 指定的某个行为，记为 u.
7. **代价函数**：用于衡量各方案优劣的指标，记为 J.

在本书中，为方便起见，我们假设 S 和 A_{x_t} 为有限集合.

在马尔可夫过程中，状态的转换可以用系统方程来描述：

$$x_{t+1} = f(x_t, a_t, w_t)$$

其中，$x_t \in S, a_t \in A_{x_t}, w_t \in W$，分别表示时刻 t 的系统状态、决策行为及随机干扰. 该方程表明系统的未来状态是当前状态、当前行为以及一个随机干扰量的函数，体现了马尔可夫过程的无记忆性.

在有限状态集合 S 下，每一个行为 a 都会对应一个状态由当前阶段的 x 变为下一阶段的 y 的**状态转移概率矩阵**，记为 P_a，其中的元素即为七要素中的状态转移概率 $P_a(x,y)$.

最终本书用一个数组 $(S, A, P, g(.))$ 来确定一个马尔可夫过程. 下面利用几个例子来说明马尔可夫过程的七要素.

【例题 1.1】 订货决策问题. 某商店定期 (每月) 向某供应商订一批货，货物需要在下个周期送达商店. 根据历史销售记录，每个月内该商店对此类货物的销售状况遵循一定的概率分布. 已知货物在商店内的储存需要消耗一定的成本，求商店的最优订货决策.

【解答】 此时可以将一个个周期(每个月)作为该决策问题的**阶段**,将每个周期末商店的货物总量 M 作为**状态**,**决策**集合即为该周期可选择的订货量,**状态转移概率**即为每个周期内商店内该货物的销售量概率分布,新的状态则由当前货物总量、下个周期销售量、下个周期到货量(本周期订货量)共同决定,每个阶段的决策**成本**即为订货支出,**策略**即为具体的订货量,**代价函数**则由销售收入、订货支出、货物储存成本共同决定.

【例题 1.2】 公路维护决策问题. 假设有某公路局负责维护 N 千米的公路,如何指定维护方案使 T 期总成本最小?

【解答】 不妨将每一千米公路看作一个状态对象,则**状态**可以用一个 N 维向量 $\boldsymbol{X}(k)$ 来表示,每一维都对应着一段公路,取值表示了公路的状态,如很好、较好、一般、较差、很差等. 每个周期可以视为本问题的**阶段**. **决策**集合为公路局可以采取的操作,例如不维修、简单维护、小修、大修等. 相应操作所带来的支出就是**成本**. **状态转移概率**则为在公路局采取了不同操作的情况下,公路状态之间会如何转化. **策略**为当前阶段公路局具体采取的操作. **代价函数**即为 T 期内的支出总额.

【例题 1.3】 投资分配问题. 总量为 M 的资金,如何在 N 期内进行有效分配来产生最大利润?

【解答】 将需要做决策的不同时期看作**阶段**,则每个阶段可以用来分配的资金余量即为**状态**,**决策**变量即为当前阶段用来投资的资金量,**状态转移概率**取决于不同的资金分配方案,以及不同投入的效益概率,**成本**在这里是当期投入带来的利润,**策略**为当期确定的投资方案,**代价函数**即为 N 期内的利润总额.

【例题 1.4】 使用马氏链来描述学生的毕业状况. 如图 1.2所示,图中的数字表示状态转移概率.

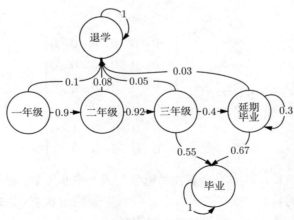

图 1.2 学生毕业状况示意图

【解答】 首先根据图 1.2 做出毕业状态转移概率表格，即表 1.2.

表 1.2 毕业状态转移概率表

	一年级	二年级	三年级	延期毕业	退学	毕业
一年级	0	0	0	0	0	0
二年级	0.9	0	0	0	0	0
三年级	0	0.92	0	0	0	0
延期毕业	0	0	0.4	0.3	0	0
退学	0.1	0.08	0.05	0.03	1	0
毕业	0	0	0.55	0.67	0	1

将其写为状态转移概率矩阵：

$$\boldsymbol{P}^{(1)} = \begin{bmatrix} 0 & 0 & 0 & 0 & 0 & 0 \\ 0.9 & 0 & 0 & 0 & 0 & 0 \\ 0 & 0.92 & 0 & 0 & 0 & 0 \\ 0 & 0 & 0.4 & 0.3 & 0 & 0 \\ 0.1 & 0.08 & 0.05 & 0.03 & 1 & 0 \\ 0 & 0 & 0.55 & 0.67 & 0 & 1 \end{bmatrix}$$

此时称之为**一步状态转移概率矩阵**，表示一个阶段后的状态变化可能性. 类似地，我们可以写出 n 步状态转移概率矩阵 $\boldsymbol{P}^{(n)}$：

$$\boldsymbol{P}^{(n)} = \boldsymbol{P}^{(1)n}$$

当 $n \to \infty$ 时：

$$\lim_{n \to \infty} \boldsymbol{P}^{(n)} = \begin{bmatrix} 0 & 0 & 0 & 0 & 0 & 0 \\ 0 & 0 & 0 & 0 & 0 & 0 \\ 0 & 0 & 0 & 0 & 0 & 0 \\ 0 & 0 & 0 & 0 & 0 & 0 \\ 0 & 0 & 0 & 0 & 1 & 0 \\ 0 & 0 & 0 & 0 & 0 & 1 \end{bmatrix}$$

即在足够多的步数后，状态只会落在"退学"或"毕业"中. 我们称这种一旦进入后就不能离开的状态 (即在该状态下以概率 1 返回本状态) 为**吸收态**，如果链中所有的状态均为吸收态，则称该链为**吸引链**.

1.4 马尔可夫决策过程问题分类

马尔可夫决策理论的目标是通过一定的方法得出多个阶段的决策序列，并实现全期总成本 (收益) 的最优化. 根据问题的特点，常见的马尔可夫过程可以分为以下三类.

有限阶段问题：对于决策阶段为有限的情况，要求总成本最低，优化对象为

$$E\left[\sum_{t=0}^{T-1} g_{a_t}(x_t) | x_0 = x\right]$$

无限阶段平均成本问题：对于决策阶段为无限的情况，要求平均成本最低，优化对象为

$$\limsup_{T \to \infty} E\left[\frac{1}{T}\sum_{t=0}^{T-1} g_{a_t}(x_t) | x_0 = x\right]$$

无限阶段折扣成本问题：在决策阶段为无限时，考虑到不同阶段的成本在当前阶段的折现，引入折扣因子 $\alpha \in (0,1)$ 进行描述，优化对象为

$$E\left[\sum_{t=0}^{\infty} \alpha_t g_{a_t}(x_t) | x_0 = x\right]$$

第 2 章

有限阶段问题

2.1 有限阶段问题概述与逆推归纳法

本章主要讨论离散阶段性决策下有限阶段的马氏决策问题，对于有限阶段内成本进行最优化，即为对以下问题的求解：

$$\min_{u(\cdot,\cdot)} E\left[\sum_{t=0}^{T-1} g_{u(x_t,t)}(x_t) | x_0 = x\right] \tag{2.1}$$

最简单的思路是将所有可能的策略 $u(x,t)$ 代入上述方程，计算相应的预期成本，选择出成本最小的策略. 但是随之而来的问题是，一旦状态数量与阶段数量增加，策略数量将会呈指数增长，计算量巨大. 为此，我们可以将式 (2.1) 改写为以下形式，则可以大大简化寻求最优策略的计算：

$$\min_{u(x_0,0)\in a_{x_0}} g_{u(x_0,0)}(x_0) + \sum_{y\in S} P_a(x,y) \min_{u(\cdot,\cdot)} E\left[\sum_{t=0}^{T-1} g_{u(x_t,t)}(x_t)|x_1=y\right] \tag{2.2}$$

在此，我们定义符号 $J^*(x,t_0)$ 为

$$J^*(x,t_0) = \min_{u(\cdot,\cdot)} E\left[\sum_{t=t_0}^{T-1} g_{u(x_t,t)}(x_t)|x_{t_0}=x\right]$$

显然，如果已知 $J^*(\cdot,t_0+1)$，则通过式 (2.2) 并求解以下方程很容易得到 $J^*(x,t_0)$：

$$J^*(x,t_0) = \min_{a\in A_x} \left\{g_a(x) + \sum_{y\in S} P_a(x,y) J^*(y,t_0+1)\right\} \tag{2.3}$$

式 (2.2) 表明，x 状态与 t_0 时刻的最优行为可以简单归纳为使方程 (2.3) 最小化. 我们把 $J^*(x,t)$ 称为**代价函数**. 由有限阶段问题的特点，可知

$$J^*(x,T-1) = \min_a g_a(x)$$

可以发现，这是个递推函数，因此我们可以通过方程 (2.3) 一步步逆推计算，得到 $J^*(x,t), t = 0, 1, \cdots, T-2$，这种求解方法称为**逆推归纳法**.

这里我们用一个应急救援的路径选择问题来说明逆推归纳法的使用. 这里的最优路径问题由于每种决策后状态的变化是确定的，因此也被称为单目标确定性序列决策问题.

【例题 2.1】 某应急救援车需要从 s 地出发到 t 地参与应急救援，期间的道路系统如图 2.1 所示，图中的圆圈表示途经的地方，连接两地的线段表示道路，上面的数字表示该路段长度，箭头表示方向. 试求 s 地到 t 地的最佳救援路线.

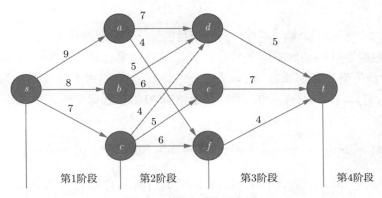

图 2.1 道路系统示意图

【解答】 首先对问题进行分析，发现可以利用空间位置作为分解阶段的依据，如图 2.1 所示，将 s 地到 t 地的路程分为 3 个阶段. 此时可以看出，在每个阶段的所在位置确定后，后续的状态变化与之前的位置、路径选择无关，符合马氏过程的定义，可以利用有限阶段的马尔可夫决策方法来求解. 以下利用逆推归纳法对问题进行求解.

(1) 将初始问题利用马尔可夫决策理论进行描述.

将该问题按照空间位置划分为 4 个阶段，易有 $k = 1, 2, 3, 4$，在每个阶段，状态变量 x_k 定义为第 k 个阶段时的所在地，可得

$$x_1 \in X_1 = \{s\}$$

$$x_2 \in X_2 = \{a, b, c\}$$

$$x_3 \in X_3 = \{d, e, f\}$$

$$x_4 \in X_4 = \{t\}$$

在 k 阶段时,需要对下一步的路径选择做出决策,用 $u_k(x_k)$ 表示 k 阶段状态为 x_k 时的决策,可得

$$u_1 \in U_1(s) = \{a, b, c\}$$

$$u_2 \in U_2(a) = \{d, f\}$$

$$u_2 \in U_2(b) = \{d, e\}$$

$$u_2 \in U_2(c) = \{d, e, f\}$$

$$u_3 \in U_3 = \{t\}$$

注意到第 4 阶段 $x_4 \in X_4 = \{t\}$,已处于目的地 t,无须进行决策.

(2) 利用逆推归纳法求解条件最优目标函数值集合和条件最优决策集合:对于第 3 阶段所有可能的状态 $X_3 = \{d, e, f\}$ 计算 J_3,则由于第 4 阶段时已到达 t 地,因此 $J_4^*(x_4) = J_4^*(t) = 0$,同时在第 3 阶段的位置确定后,决策集合仅包含 t,那么

$$J_3^*(d) = \min_{u_3 \in U_3} \{g_3(d, u_3) + J_4^*(x_4)\} = \min \{g_3(d, t) + 0\} = 5, \; u_3^*(d) = t$$

$$J_3^*(e) = \min_{u_3 \in U_3} \{g_3(e, u_3) + J_4^*(x_4)\} = \min \{g_3(e, t) + 0\} = 7, \; u_3^*(e) = t$$

$$J_3^*(f) = \min_{u_3 \in U_3} \{g_3(f, u_3) + J_4^*(x_4)\} = \min \{g_3(f, t) + 0\} = 4, \; u_3^*(f) = t$$

然后求解第 2 阶段,对于所有可能的状态 $X_2 = \{a, b, c\}$ 计算 J_2:

$$J_2^*(a) = \min_{u_2 \in U_2} \{g_2(a, u_2) + J_3^*(x_3)\}$$

$$= \min_{u_2 \in \{d, f\}} \{g_2(a, u_2) + J_3^*(x_3)\}$$

$$= \min \left\{ \begin{array}{l} g_2(a, d) + J_3^*(d) \\ g_2(a, f) + J_3^*(f) \end{array} \right\}$$

$$= \min \left\{ \begin{array}{l} 7 + 5 \\ 4 + 4 \end{array} \right\}$$

$$= 8$$

$$u_2^*(a) = f$$

$$J_2^*(b) = \min_{u_2 \in U_2} \{g_2(b, u_2) + J_3^*(x_3)\}$$

$$= \min_{u_2 \in \{d,e\}} \{g_2(b, u_2) + J_3^*(x_3)\}$$

$$= \min \left\{ \begin{array}{l} g_2(b, d) + J_3^*(d) \\ g_2(b, e) + J_3^*(e) \end{array} \right\}$$

$$= \min \left\{ \begin{array}{l} 5 + 5 \\ 6 + 7 \end{array} \right\}$$

$$= 10$$

$$u_2^*(b) = d$$

$$J_2^*(c) = \min_{u_2 \in U_2} \{g_2(c, u_2) + J_3^*(x_3)\}$$

$$= \min_{u_2 \in \{d,e,f\}} \{g_2(c, u_2) + J_3^*(x_3)\}$$

$$= \min \left\{ \begin{array}{l} g_2(c, d) + J_3^*(d) \\ g_2(c, e) + J_3^*(e) \\ g_2(c, f) + J_3^*(f) \end{array} \right\}$$

$$= \min \left\{ \begin{array}{l} 4 + 5 \\ 5 + 7 \\ 6 + 4 \end{array} \right\}$$

$$= 9$$

$$u_2^*(c) = d$$

再对第 1 阶段所有可能的状态 $X_1 \in \{s\}$ 计算 J_1，可得

$$J_1^*(s) = \min_{u_1 \in U_1} \{g_1(s, u_1) + J_2^*(x_2)\}$$

$$= \min_{u_1 \in \{a,b,c\}} \{g_1(s, u_1) + J_2^*(x_2)\}$$

$$= \min \left\{ \begin{array}{l} g_1(s, a) + J_2^*(a) \\ g_1(s, b) + J_2^*(b) \\ g_1(s, c) + J_2^*(c) \end{array} \right\}$$

$$= \min \left\{ \begin{array}{l} 9 + 8 \\ 8 + 10 \\ 7 + 9 \end{array} \right\}$$

$$= 16$$

$$u_1^*(s) = c$$

(3) 根据上述计算结果，我们可以逆序得到所有的最优目标值和最优策略，如下所示：

$$x_1^* = s, \ u_1^*(s) = c$$
$$x_2^* = c, \ u_2^*(c) = d$$
$$x_3^* = d, \ u_3^*(d) = t$$
$$x_4^* = t$$

故最优路线为 $s \to c \to d \to t$，此时的总路程为 16.

2.2 动态规划理论

不难看出，逆推归纳法求解问题的过程是把原问题分解为相对简单的子问题，根据子问题的解即可得出原问题的解. 事实上，这正是**动态规划 (dynamic programming, DP)** 方法的核心思路. 作为运筹学的一个分支，动态规划自 20 世纪 50 年代初被提出以来在工程技术、经济、工业生产、军事以及自动化控制等诸多领域得到了广泛的应用，这一方法看似简单，但往往能在决策过程的最优化中发挥极大的作用. 本节将在前述逆推归纳法的基础上，对动态规划理论进行更为详细的阐述.

当我们想要针对某一过程获取最优成本的决策时，有时可以将决策过程分解成多个阶段，然后递归地找到每个阶段的最优决策，最后通过一定的数学方法将各个阶段的最优决策进行组合，得出最终的决策. 换言之，整个过程的最优决策是由它的各个子阶段的最优决策决定的. 动态规划体现的就是这样一种"减而治之"的思想.

并非所有问题都可以通过这种途径得以解决，这需要求解问题满足一定的条件，可以概括为**最优子结构**和**重复子问题**.

最优子结构：最优决策序列的子序列也是最优的，而通过子序列的最优解，可以推导出全过程的最优解. 这一点以马氏过程的无后效性为基础，只要子问题所处的状态相同，则其对于整个问题的影响就是一致的，我们无须关注这一状态之前是怎样的状态，也无须关注经由什么推导来到这一状态.

重复子问题：各个子序列最优解求解问题的方法是相同的，换言之，子问题会重叠地出现在子问题里. 而动态规划正是充分利用重叠子问题，使得每一个子问题仅解一次,以此大大提高求解效率. 为此,我们就需要将每一步求解的结果通过某种方式保存下来,并能在后续求解中快速查找.

从本质上说,动态规划仍是一种穷举,不过是一种更为高效的穷举. 若我们将决策过程视为一棵树,动态规划的确对每一棵子树进行了求解,且计算直至叶子节点的值,但在这个过程中自带"剪枝"手段,避免了对不属于全局最优解的分支进行求解.

比如在例题 2.1 中,当我们得到 $u_2^*(a) = f, u_2^*(b) = d, u_2^*(c) = d$ 后,包含 $a \to d, b \to e, c \to e, c \to f$ 的所有路径都不会再被计算 (见图 2.2). 不难想见,如果决策阶段数和每阶段状态数十分庞大,这样的"剪枝"会大大提高求解效率.

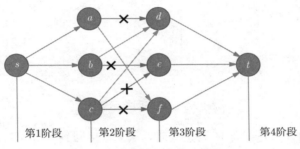

图 2.2 求解过程中的"剪枝"

需要注意的是,虽然动态规划能显著优化求解效率,但这种优化也是有代价和限度的,一方面对子问题的结果进行存储有时会带来较大的内存开销 (空间复杂度);另一方面当决策空间过大时,求解耗时也未必是可接受的 (尽管相对暴力枚举确实高效许多). 下面我们仍以应急救援为例,对此进行说明.

【例题 2.2】 某地发生地震后,多处居民生活物资短缺,应急救援车需要从 0 点出发,将救援物资送至 4 个受灾点 (1, 2, 3, 4),最后回到 0 点准备下一次救援. 已知整个受灾区域的道路系统如图 2.3 所示,连接两地的线段表示道路,线段上数字表征救援车在该路段通行的成本. 试求一条最佳救援路线,使得救援车恰好经过 4 个受灾点一次后回到 0 点,且总成本最小.

【解答】 首先我们可以以暴力枚举的方法解决这一问题,对于从 0 点出发经过 n 个受灾点回到 0 点的所有可行道路方案,分别计算其总成本并进行比较,选择最优成本及其对应道路方案. 需要计算的道路方案共有 $4! = 24$ 种.

下面采用动态规划的方法来解决这一问题,令 $d(i, V)$ 表示从顶点 i 出发恰经过 V(表示受灾点的集合) 中各个受灾点一次,最后回到出发处 0 点的最优成本,则我们最终的优化目标就是 $d(0, \{1, 2, 3, 4\})$. 我们通过受灾点集合 V 的大小来划分决策阶段，而当前出发点 i 和待到达受灾点 V 即为状态变量. 整个道路方案的最优成本一定包含了各决策阶段的最优成本，而每一决策阶段与上一决策阶段的成本可以通过如下的状态转移公式进行描述：

$$d(i, V) = \begin{cases} c_{i0}, & V = \varnothing, i \neq 0 \\ c_{ik} + d(k, V - \{k\}), & V \neq \varnothing, k \in V \end{cases}$$

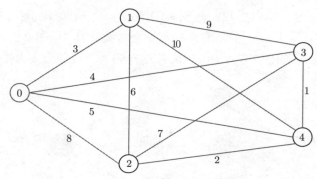

图 2.3　道路网络示意图

上述式子的含义是：当 V 为空集时，从 i 直接回到 0 即可；否则对子问题进行求解，考虑 V 集合中的每一个受灾点，以其作为当前起点并进行下一阶段的计算. 整个求解问题的过程如图 2.4 所示.

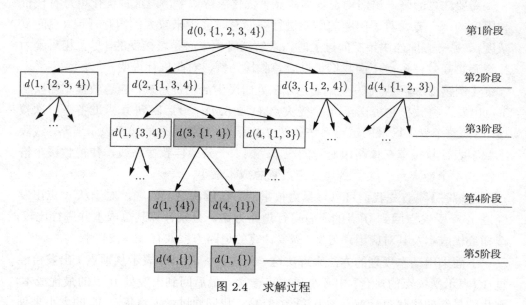

图 2.4　求解过程

下面仅展示图 2.4 中阴影部分的求解过程，其余部分与之类似，交由读者完成.

$$d(1, \varnothing) = c_{10} = 3, \ d(4, \varnothing) = c_{40} = 5$$

$$d(1, \{4\}) = c_{14} + d(1, \varnothing) = 10 + 3 = 13$$

$$d(4, \{1\}) = c_{41} + d(4, \varnothing) = 10 + 5 = 15$$

$$d(3, \{1, 4\}) = \min \left\{ \begin{array}{l} c_{31} + d(1, \{4\}) = 8 + 13 \\ c_{34} + d(4, \{1\}) = 1 + 15 \end{array} \right\} = 16$$

上述例子中共有 4 个受灾点，一般地，我们可以考虑 n 个受灾点 $(1, 2, \cdots, n)$ 的情形. 事实上，这一例子就是著名的旅行商 (TSP) 问题，利用算法复杂度分析的有关方法，我们可以得到动态规划法求解本问题的时间复杂度为 $o(n^2 \cdot 2^n)$，相比于暴力穷举法 $o(n!)$ 的时间复杂度，已有了数量级上的优化，但随 n 的指数增长仍是难以接受的，此外，存储中间结果的空间复杂度为 $o(n \cdot 2^n)$，这意味着随着问题规模的扩大所需存储空间也会指数级增长，这使得问题规模稍大动态规划方法的应用就会极大受限.

本节对动态规划理论的阐述只是较为基础的部分，此外还有状态压缩、区域动态规划、双重动态规划等更为深入的内容，这些并非本书的关注点. 事实上，我们希望读者掌握的是动态规划方法中思考问题的方式和解决问题的思路，这也将会贯穿本书之后的内容.

2.3 相关例题与讲解

【**例题 2.3**】 工厂救援问题. 某大型工厂由于突发断电事故造成生产线停止运行，4 种生产车间不同程度受损，需要组织应急救援队在 10 个工作日恢复生产，每种车间内的生产线数量、恢复单个生产线所需工作日数以及所挽回的损失如表 2.1 所示. 假设该应急救援队在 10 天内不能恢复所有的生产线，应如何选择恢复方式使得在这 10 个工作日内挽回的损失最大？

表 2.1 工厂救援信息表

车间种类 n	生产线数量 m	恢复单条生产线所需工作日数 a_n	恢复单条生产线挽回的损失
1	4	1	2
2	3	3	8
3	2	4	11
4	2	7	20

【解答】 使用动态规划进行求解. 首先是划分阶段.

我们把此问题分成 4 个阶段：

第 1 阶段决策将恢复多少个第 1 种车间的生产线；

第 2 阶段决策将恢复多少个第 2 种车间的生产线；

第 3 阶段决策将恢复多少个第 3 种车间的生产线；

第 4 阶段决策将恢复多少个第 4 种车间的生产线.

设 x_k 为分配给第 k 种车间到第 4 种车间的所有待恢复生产线的总工作日 (第 k 阶段的状态变量)；设 u_k 为第 k 种车间待恢复生产线的数量 (第 k 阶段的决策变量).

已知 $x_1 = 10$, 且有：

$$x_2 = T_1(x_1, u_1) = x_1 - a_1 u_1 = x_1 - u_1$$

$$x_3 = T_2(x_2, u_2) = x_2 - a_2 u_2 = x_2 - 3u_2$$

$$x_4 = T_3(x_3, u_3) = x_3 - a_3 u_3 = x_3 - 4u_3$$

由 x_k 与 u_k 的定义可得：$x_4 = 7u_4$.

从第 4 阶段开始计算：显然, 如将 $x_4(=0,1,\cdots,10)$ 个工作日尽可能分配给第 4 种车间, 即 $u_4 = [x_4/7]$ 时, 第 4 阶段的挽回损失的指标值为最大, 故有

$$\max_{u_4} g_4(x_4, u_4) = g_4\left(x_4, \left[\frac{x_4}{7}\right]\right)$$

由于第 4 阶段也是最后的阶段, 可得：

$$J_4(x_4) = \max_{u_4} g_4(x_4, u_4) = g_4\left(x_4, \left[\frac{x_4}{7}\right]\right)$$

此时 $0 \leqslant x_4 \leqslant 10$, 其数值计算见表 2.2.

表 2.2　第 4 阶段计算表

x_4	u_4		$J_4^*(x_4)$	u_4^*
	0	1		
	$g_4(x_4, u_4)$			
0	0	—	0	0
1	0	—	0	0
2	0	—	0	0
3	0	—	0	0
4	0	—	0	0

续表

x_4	u_4		$J_4^*(x_4)$	u_4^*
	0	1		
	$g_4(x_4, u_4)$			
5	0	—	0	0
6	0	—	0	0
7	0	20	20	1
8	0	20	20	1
9	0	20	20	1
10	0	20	20	1

第 3 阶段，当把 $x_3(=0,1,\cdots,10)$ 个工作日分配给第 4 种和第 3 种车间时，则对每个 x_3，都有一种最优分配方案，使得最优子过程 3 的最优指标函数值为

$$J_3(x_3) = \max_{u_3}[g_3(x_3, u_3) + J_4(x_4)] = \max_{u_3}[g_3(x_3, u_3) + J_4(x_3 - 4u_3)]$$

此时 $0 \leqslant x_3 \leqslant 10$ 且 $x_4 \geqslant 0$，则 u_3 的取值可能为 $0,1,2$，其数值计算见表 2.3。

表 2.3 第 3 阶段计算表

x_3	u_3			$J_3^*(x_3)$	u_3^*
	0	1	2		
	$g_3(x_3, u_3) + J_4(x_3 - 4u_3)$				
0	0+0	—	—	0	0
1	0+0	—	—	0	0
2	0+0	—	—	0	0
3	0+0	—	—	0	0
4	0+0	11+0	—	11	1
5	0+0	11+0	—	11	1
6	0+0	11+0	—	11	1
7	0+20	11+0	—	20	0
8	0+20	11+0	22+0	22	2
9	0+20	11+0	22+0	22	2
10	0+20	11+0	22+0	22	2

第 2 阶段，当把 $x_2(=0,1,\cdots,10)$ 个工作日分配给第 4 种、第 3 种和第 2 种车间时，则对每个 x_2，都有一种最优分配方案，使得最优子过程 2 的最优指标

函数值为

$$J_2(x_2) = \max_{u_2}[g_2(x_2,u_2) + J_3(x_3)] = \max_{u_2}[g_2(x_2,u_2) + J_3(x_2 - 3u_2)]$$

此时 $0 \leqslant x_2 \leqslant 10$ 且 $x_3 \geqslant 0$，则 u_3 的取值可能为 0,1,2,3，其数值计算见表 2.4。

表 2.4 第 2 阶段计算表

x_2	u_2				$J_2^*(x_2)$	u_2^*
	0	1	2	3		
	$g_2(x_2,u_2) + J_3(x_2 - 3u_2)$					
0	0+0	—	—	—	0	0
1	0+0	—	—	—	0	0
2	0+0	—	—	—	0	0
3	0+0	8+0	—	—	8	1
4	0+11	8+0	—	—	11	0
5	0+11	8+0	—	—	11	0
6	0+11	8+0	16+0	—	16	2
7	0+20	8+11	16+0	—	20	0
8	0+22	8+11	16+0	—	22	0
9	0+22	8+11	16+0	24+0	24	3
10	0+22	8+20	16+11	24+0	28	1

最后在第 1 阶段，当把 $x_1(=0,1,\cdots,10)$ 个工作日分配给第 4 种、第 3 种、第 2 种和第 1 种车间时，则对每个 x_1，都有一种最优分配方案，使得最优子过程 1 的最优指标函数值为

$$J_1(x_1) = \max_{u_1}[g_1(x_1,u_1) + J_2(x_2)] = \max_{u_1}[g_1(10,u_1) + J_2(10 - u_1)]$$

此时 $0 \leqslant x_1 \leqslant 10$ 且 $x_2 \geqslant 0$，则 u_1 的取值可能为 $0,1,2,3,\cdots,10$，其数值计算见表 2.5。

由表 2.5可知，$J_1(x_1) = 28$，$u_1^* = 0$，从而得 $x_2 = 10 - u_1^* = 10$；由表 2.4可知，$x_2 = 10$ 时，$u_2^* = 1$，从而得 $x_3 = x_2 - 3u_2^* = 7$；由表 2.3可知，$x_3 = 7$ 时，$u_3^* = 0$，从而得 $x_4 = x_3 - 4u_3^* = 7$；由表 2.2可知，$x_4 = 7$ 时，$u_4^* = 1$。

综上所述，该问题的最优解为：$u_1^* = 0$，$u_2^* = 1$，$u_3^* = 0$，$u_4^* = 1$。挽回的最大损失为 28。

表 2.5　第 1 阶段计算表

	$g_1(10, u_1) + J_2(10 - u_1)$						$J_1^*(x_1)$	u_1^*
u_1	0	1	2	3	4	5		
J_1	0+28	2+24	4+22	6+20	8+16	10+11	28	0
u_1	6	7	8	9	10			
J_1	12+11	14+8	16+0	18+0	20+0			

现在我们不妨假设应急救援队的救援计划有所改变，只有 8 个工作日来处理这 4 个受损车间，那么应急救援队该如何选择恢复方式使得挽回的损失最大呢？

我们不必从头开始做这个问题，而只要在第 1 阶段把 x_1 的取值改成 8，重新计算就可得到结果，如表 2.6所示，这是动态规划的一个好处.

表 2.6　第 1 阶段计算表 $(x_1 = 8)$

	$g_1(8, u_1) + J_2(8 - u_1)$						$J_1^*(x_1)$	u_1^*
u_1	0	1	2	3	4	5		
J_1	0+22	2+20	4+16	6+11	8+11	10+8	22	0,1
u_1	6	7	8					
J_1	12+0	14+0	16+0					

易知此时最优值有两种情况，$u_1^* = 0$ 或 $u_1^* = 1$，挽回的最大损失为 22.

如果实施恢复救援的工作日不是减少而是增加，需要 12 个工作日来处理这 4 个受损车间，那么情况会怎么样呢？此时我们不仅要重新计算第一阶段，而且要在第 2、第 3、第 4 阶段的计算表上补上增加的工作日的新的信息，得到新的结果.

第 3 章

折扣成本问题

第 2 章中我们讨论的是有限阶段的马尔可夫决策过程，其特点是我们明确地知道决策过程的优化目标以及其将会终止于何处 (例如例题 2.1 中到达 t 点，例题 2.2 中回到 0 点)，这使我们的求解可以方便地从最终阶段开始进行逆推. 但是还有一类在实际决策过程中十分常见的问题，由于其决策过程的长期性我们并不能规定其终止状态，换言之，其决策过程的阶段是不确定或者无限的，例如股票市场的投资与回报就是典型的例子，我们将这一类问题称为**非有限阶段问题**.

尽管从形式上看非有限阶段问题与有限阶段问题只有细微的差别，但这却会给我们的求解带来以下两点困难：

1. 若采用逆推归纳法求解，缺乏一个确定的起点；

2. 原来通过对各阶段累加所得的代价函数 (优化目标) 不再适用，因为无限阶段可能造成发散.

因此，我们需要针对新的代价函数使用新的方法对非有限阶段问题进行求解，在本章及下一章中，我们将对此进行介绍.

3.1 折扣成本问题的引入

沿用之前的内容，用 $(S, A, g.(\cdot), P.(\cdot, \cdot))$ 来描述马尔可夫决策过程的特性，其中：S 表示有限状态集合；A_x 表示状态 $x \in S$ 所对应的有限行为集合；$g_a(x)$ 表示在状态 $x \in S$，行为 $a \in A_x$ 所对应的成本；$P_a(x,y)$ 表示当前状态为 $x \in S$，行为 $a \in A_x$，且下一阶段状态为 $y \in S$ 的状态转移概率. 这里使用 $u(x,t)$ 表示 x 状态、t 时刻的**策略**. 我们称不依赖于时间 (阶段) 的策略为**平稳策略**，用 $u(x)$ 表示，进而可以定义 $g_u(x) \equiv g_{u(x)}(x)$ 和 $P_u(x,y) \equiv P_{u(x)}(x,y)$ 来表示在平稳策略 $u(x)$ 下的成本函数与转移概率.

为了解决累加代价函数可能发散的问题，一个可行的思路就是对未来阶段的成本 (收益) 在当前阶段的计算需要进行折现 (类似于考虑通胀因素，未来的收益折现的实际价值略低），故引入**折扣因子** α 对此类问题进行描述. 因此可得针对无限阶段折扣成本问题的最优化目标为

$$J^*(x, t_0) = \min_{u(\cdot,\cdot)} E\left[\sum_{t=t_0}^{\infty} \alpha^{t-t_0} g_{u(x_t,t)}(x_t, t) | x_{t_0} = x\right] \tag{3.1}$$

我们称 $J^*(x,t)$ 为代价函数，表示在 t 时刻、状态 x 下的总成本. 显然，上式可以写为

$$J^*(x, t_0) = \min_{a \in A_x} \left\{g_a(x) + \alpha \sum_{y \in S} P_a(x, y) J^*(y, t_0 + 1)\right\} \tag{3.2}$$

对于 t_0 时刻状态为 x 情况下，最优策略 u^* 可由下式得出：

$$u^*(x, t_0) = \arg \min_{a \in A_x} \left\{g_a(x) + \alpha \sum_{y \in S} P_a(x, y) J^*(y, t_0 + 1)\right\} \tag{3.3}$$

3.2 贝尔曼方程与动态规划算子

从公式 (3.1) 可以看出，对于任意的 t 与 t'，都有 $J^*(x,t) = J^*(x,t') = J^*(x)$，即对于无限阶段折扣成本问题，只要初始状态相同，无论初始时刻的状态如何，都有类似的计算结果. 进而，公式 (3.2) 可以写为

$$J^*(x) = \min_{a \in A_x} \left\{g_a(x) + \alpha \sum_{y \in S} P_a(x, y) J^*(y)\right\} \tag{3.4}$$

该方程称为**贝尔曼方程 (Bellman equation)**. 在后续内容中，我们将证明代价函数是贝尔曼方程的唯一解，同时平稳策略 u^* 为最优策略.

为了简化问题表述以便于后续讨论，我们引入一些速记符号. 对于每一个平稳策略 u，我们用 $\boldsymbol{g_u}$ 表示各项为 $g_{u(x)}(x)$ 的向量，$\boldsymbol{P_u}$ 表示各项为 $P_{u(x)}(x,y)$ 的矩阵. 定义动态规划算子 T 和 T_u，对于每个函数 $J: S \to \mathbb{R}$，我们假设有

$$T_u J = \boldsymbol{g_u} + \alpha \boldsymbol{P_u} J$$

和

$$TJ = \min_u T_u J$$

相应地，贝尔曼方程可以表示为

$$J^* = TJ^*$$

最优策略 u^* 满足

$$T_{u^*}J^* = TJ^*$$

一般地，对于任意函数 J，若存在 $T_uJ = TJ$，则认为策略 u 与 J **强相关**. 我们把与函数 J 强相关的策略记为 u_J.

动态规划算子举例：

$$T_{u_{J_{u_k}}}$$

算子释义：

u_k：可选行为集合中的某一个策略；

J_{u_k}：上述策略所对应的成本函数；

$u_{J_{u_k}}$：与成本 J_{u_k} 强相关的策略；

$T_{u_{J_{u_k}}}$：选择 $u_{J_{u_k}}$ 作为策略时对应的动态规划算子.

基于贝尔曼方程的定义和动态规划算子的表述，我们可以推导出下述性质.

定理 3.1 (单调性)　若总有 $J \leqslant \bar{J}$，则 $|TJ| \leqslant |T\bar{J}|$.

【证明】

由于状态转移概率 P_u 矩阵中各项均大于 0，则对于任意 u 可得

$$|T_uJ| = |\boldsymbol{g_u} + \alpha\boldsymbol{P_u}J| \leqslant |\boldsymbol{g_u} + \alpha\boldsymbol{P_u}\bar{J}| = |T_u\bar{J}|$$

那么

$$|TJ| \leqslant |T_{u_{\bar{J}}}J| \leqslant |T_{u_{\bar{J}}}\bar{J}| = |T\bar{J}|$$

证毕.

定理 3.2 (偏移性)　对于所有的 J 和 $k \in \mathbb{R}$，都有 $T(J + ke) = TJ + \alpha ke$. 其中 e 为单位向量.

【证明】

$$T(J + ke) = \min_u\{\boldsymbol{g_u} + \alpha\boldsymbol{P_u}(J + ke)\} = \min_u\{\boldsymbol{g_u} + \alpha\boldsymbol{P_u}J\} + \alpha ke = TJ + \alpha ke$$

证毕.

定理 3.3 (最大模收缩性)　对于所有的 J 和 $\bar{J}$，都有 $||TJ - T\bar{J}||_\infty \leqslant \alpha||J - \bar{J}||_\infty$.

【证明】

首先易有

$$J = J + \bar{J} - \bar{J} \leqslant \bar{J} + ||J - \bar{J}||_\infty e$$

则有

$$TJ - T\bar{J} \leqslant T(\bar{J} + ||J - \bar{J}||_\infty e) - T\bar{J} = T\bar{J} + \alpha||J - \bar{J}||_\infty e - T\bar{J} = \alpha||J - \bar{J}||_\infty e$$

上述等式部分第一步由单调性可得，第二步由偏移性可得. 再对不等式两边同时取模：
$$\|TJ - T\bar{J}\|_\infty \leqslant \alpha \|J - \bar{J}\|_\infty$$
证毕.

3.3 数值迭代算法与解的存在性

本节将介绍马尔可夫决策过程的数值迭代算法，并以此说明上节贝尔曼方程解的存在性. 算法步骤如下：

第 1 步：初始化迭代条件，在 $k = 0$ 时，取任意的 J_0，并给定计算精度 $\varepsilon > 0$；

第 2 步：迭代计算，$J_{k+1} = TJ_k$，$k = k + 1$；

第 3 步：结果验证，若 $\|J_{k+1} - J_k\| \leqslant \varepsilon$，迭代结束得到最优值，否则返回第 2 步.

定理 3.4 (贝尔曼方程必然有解) (数值迭代必然可以得到贝尔曼方程的解)
$$\lim_{k \to \infty} J_k = J^*$$

【证明】

对于马尔可夫决策过程，我们有 $J_0(\cdot)$ 与 $g.(\cdot)$ 值有限，则对于所有的 $a \in A_x$ 和 $x \in S$，必然存在实数 M 满足 $|J_0(x)| \leqslant M$ 和 $g_a(x) \leqslant M$. 则对于每一个整数 $k \geqslant 1$ 和实数 $\alpha \in (0, 1)$，我们有：

$$\begin{aligned}
J_k(x) &= T^k J_0(x) \\
&= \min_u E\left[\left(\sum_{t=0}^{k-1} \alpha^t g_u(x_t) + \alpha^k J_0(x_k)\right) | x_0 = x\right] \\
&\leqslant \min_u E\left[\sum_{t=0}^{k-1} \alpha^t g_u(x_t) | x_0 = x\right] + \alpha^k M
\end{aligned}$$

对于 J^*，可以写为

$$J^*(x) = \min_u \left[\left(\sum_{t=0}^{k-1} \alpha^t g_u(x_t) + \sum_{t=k}^{\infty} \alpha^t g_u(x_t)\right) | x_0 = x\right]$$

因此，我们可以得到

$$J_k(x) - J^*(x) = \min_u E\left[\left(\sum_{t=0}^{k-1} \alpha^t g_u(x_t) + \alpha^k J_0(x_k)\right) | x_0 = x\right]$$

$$-\min_u E\left[\left(\sum_{t=0}^{k-1}\alpha^t g_u(x_t)+\sum_{t=k}^{\infty}\alpha^t g_u(x_t)\right)|x_0=x\right]$$

$$=\min_u E[\alpha^k J_0(x_k)|x_0=x]-\min_u E\left[\sum_{t=k}^{\infty}\alpha^t g_u(x_t)|x_0=x\right]$$

$$=E[\alpha^k J_0(x_k)|x_0=x]-\min_u E\left[\sum_{t=k}^{\infty}\alpha^t g_u(x_t)|x_0=x\right]$$

此时将第二项中的极小化策略记为 $\bar{u}$，则有：

$$J_k(x)-J^*(x)=E[\alpha^k J_0(x_k)|x_0=x]-E\left[\sum_{t=k}^{\infty}\alpha^t g_{\bar{u}}(x_t)|x_0=x\right]$$

$$\leqslant E\left[\left(\alpha^k||J_0(x_k)||+\sum_{t=k}^{\infty}\alpha^t||g_{\bar{u}}(x_t)||\right)|x_0=x\right]$$

$$\leqslant E\left[\left(\alpha^k M+\sum_{t=k}^{\infty}\alpha^t M\right)|x_0=x\right]$$

$$=E\left[\alpha^k M\left(1+\sum_{t=0}^{\infty}\alpha^t\right)|x_0=x\right]$$

$$=\alpha^k M\left(1+\frac{1}{1-\alpha}\right)$$

同理，我们可证得

$$J^*(x)-J_k(x)\leqslant \alpha^k M\left(1+\frac{1}{1-\alpha}\right)$$

由于 $\alpha\in(0,1)$，则当 $k\to\infty$ 时，$\alpha^k M\left(1+\dfrac{1}{1-\alpha}\right)\to 0$，因此可得，当 k 趋于无穷时，$J_k(x)$ 收敛于 J^*：

$$\lim_{k\to\infty}J_k=J^*$$

证毕.

这里提供另一种证明思路. 我们应注意到 J^* 为算子 T 的不动点，即 $T^k J^*=J^*$ 对于任意正整数 k 均成立. 根据模收缩原理，我们可以得到

$$||J_k-J^*||_\infty=||T^k J-J^*||_\infty$$

$$=||T^k J-T^k J^*||_\infty$$

$$\leqslant \alpha \|T^{k-1}J - T^{k-1}J^*\|_\infty$$

$$\leqslant \alpha^k \|J - J^*\|_\infty$$

由于 J 有限，同时 $\alpha \in (0,1)$，可知

$$\lim_{k\to\infty} \alpha^k \|J - J^*\|_\infty = 0$$

进而有

$$\lim_{k\to\infty} \|J_k - J^*\|_\infty = 0$$

亦即

$$\lim_{k\to\infty} J_k = J^*$$

证毕.

此外，对于上述数值迭代方法，我们不难发现，本轮迭代时对值函数的更新是逐步进行的，因此我们可以充分利用已经更新过的部分，对算法进行改进，这就是 **高斯-塞德尔迭代 (Gauss-Seidel iteration)**. 算法的步骤与之前类似，不同之处在于：

第 1 步：初始化迭代条件，在 $k=0$ 时取定初始 J_0，并给定计算精度 $\varepsilon > 0$；

第 2 步：计算 $J_{k+1}(x) = \left(T\tilde{J}_k\right)(x)$，其中：

$$\tilde{J}_k(y) = \begin{cases} J_k(x), & x \leqslant y, \\ J_{k+1}(y), & x > y \end{cases}$$

第 3 步：如果 $\|J_{k+1} - J_k\| < \varepsilon$，则结束，否则返回第 2 步.

基于上述过程，将动态规划算子 T 进行改进，我们将其定义为算子 F，其含义为

$$(FJ)(x) = \min_a \{g_a(x) + \alpha \underbrace{\sum_{y<x} P_a(x,y)(FJ)(y)}_{\text{已更新}} + \alpha \underbrace{\sum_{y\geqslant x} P_a(x,y)J(y)}_{\text{尚未更新}} \}$$

同样地，我们可以证明 F 满足最大模收缩原理.

引理 3.1　$\|FJ - F\bar{J}\|_\infty \leqslant \alpha \|J - \bar{J}\|_\infty$.

【证明】　由 F 的定义，我们讨论 $x=1$ 的情况，

$$|(FJ)(1) - (F\bar{J})(1)| = |(TJ)(1) - (T\bar{J})(1)| \leqslant \alpha \|J - \bar{J}\|_\infty$$

当 $x=2$ 时，由 F 的定义，

$$|(FJ)(2) - (F\bar{J})(2)| \leqslant \alpha \max\{|(FJ)(1) - (F\bar{J})(1)|, |J(2) - \bar{J}(2)|,$$

$$\cdots, |J(|S|) - \bar{J}(|S|)|\}$$

$$\leqslant \alpha \|J - \bar{J}\|_\infty$$

当 $x=3$ 时，重复相同的推理，我们可以归纳得到：
$$|(FJ)(x) - (F\bar{J})(x)| \leqslant \alpha \|J - \bar{J}\|_\infty, \forall x \in S$$

所以 $\|FJ - F\bar{J}\|_\infty \leqslant \alpha \|J - \bar{J}\|_\infty$.

此外，我们可以证明下面的定理.

定理 3.5 F 有唯一的不动点 J^*.

【证明】 根据 F 的定义和贝尔曼方程 $J^* = TJ^*$，可得到 $J^* = FJ^*$. 收敛结果根据上面的引理得出，因此 $FJ^* = J^*$. 根据最大收缩性，J^* 具有唯一性.

下面我们通过一个例子来理解数值迭代的求解过程.

【例题 3.1】 (不定阶段数的最短路径问题) 某应急救援车需要从如图 3.1 所示的 4 个地点 (1、2、3、4) 出发，向受灾点 5 地进行物资的调配运输，这 5 个地点之间彼此均有道路相连，图中以连接两点的线段表示道路，其上的数字表示两点之间的距离，记为 d_{ij}. 为了高效运输，需要求得 1、2、3、4 这 4 地到 5 地距离最短的运输路线.

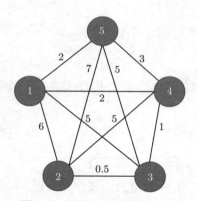

图 3.1 例题 3.1 道路示意图

【解答】 (1) 从 i 地走 1 步到 5 地的最优距离为 $J_1(i)$，则显然有最优代价函数和最优决策为

$$J_1(1) = d_{15} = 2, \quad u_1^*(1) = 5$$
$$J_1(2) = d_{25} = 7, \quad u_1^*(2) = 5$$
$$J_1(3) = d_{35} = 5, \quad u_1^*(3) = 5$$
$$J_1(4) = d_{45} = 3, \quad u_1^*(4) = 5$$
$$J_1(5) = d_{55} = 0, \quad u_1^*(5) = 5$$

(2) 从 i 地走 2 步到 5 地的最优距离为 $J_2(i)$, 则易得如下的递推公式:

$$\begin{cases} J_2(i) = \min_{1 \leqslant i \leqslant 5}[d_{ij} + J_1(j)], i = 1,2,3,4 \\ J_2(5) = 0 \end{cases}$$

所以

$$J_2(1) = \min_{1 \leqslant i \leqslant 5}[d_{1j} + J_1(j)] = \min \begin{bmatrix} d_{11} + J_1(1) \\ d_{12} + J_1(2) \\ d_{13} + J_1(3) \\ d_{14} + J_1(4) \\ d_{15} + J_1(5) \end{bmatrix} = \min \begin{bmatrix} 0+2 \\ 6+7 \\ 5+5 \\ 2+3 \\ 2+0 \end{bmatrix} = 2$$

$$u_2^*(1) = 5$$

$$J_2(2) = \min_{1 \leqslant i \leqslant 5}[d_{2j} + J_1(j)] = \min \begin{bmatrix} d_{21} + J_1(1) \\ d_{22} + J_1(2) \\ d_{23} + J_1(3) \\ d_{24} + J_1(4) \\ d_{25} + J_1(5) \end{bmatrix} = \min \begin{bmatrix} 6+2 \\ 0+7 \\ 0.5+5 \\ 5+3 \\ 7+0 \end{bmatrix} = 5.5$$

$$u_2^*(2) = 3$$

$$J_2(3) = \min_{1 \leqslant i \leqslant 5}[d_{3j} + J_1(j)] = \min \begin{bmatrix} d_{31} + J_1(1) \\ d_{32} + J_1(2) \\ d_{33} + J_1(3) \\ d_{34} + J_1(4) \\ d_{35} + J_1(5) \end{bmatrix} = \min \begin{bmatrix} 5+2 \\ 0.5+7 \\ 0+5 \\ 1+3 \\ 5+0 \end{bmatrix} = 4$$

$$u_2^*(3) = 4$$

$$J_2(4) = \min_{1 \leqslant i \leqslant 5}[d_{4j} + J_1(j)] = \min \begin{bmatrix} d_{41} + J_1(1) \\ d_{42} + J_1(2) \\ d_{43} + J_1(3) \\ d_{44} + J_1(4) \\ d_{45} + J_1(5) \end{bmatrix} = \min \begin{bmatrix} 2+2 \\ 5+7 \\ 1+5 \\ 0+3 \\ 3+0 \end{bmatrix} = 3$$

$$u_2^*(4) = 5$$

(3) 从 i 地走 3 步到 5 地的最优距离为 $J_3(i)$,有如下的递推公式:

$$\begin{cases} J_3(i) = \min_{1 \leqslant i \leqslant 5} [d_{ij} + J_2(j)], i = 1,2,3,4 \\ J_3(5) = 0 \end{cases}$$

计算结果如下:

$$J_3(1) = 2, \quad u_3^*(1) = 5$$
$$J_3(2) = 4.5, \quad u_3^*(2) = 3$$
$$J_3(3) = 4, \quad u_3^*(3) = 4$$
$$J_3(4) = 3, \quad u_3^*(4) = 5$$

(4) 从 i 地走 4 步到 5 地的最优距离为 $J_4(i)$,有如下的递推公式:

$$\begin{cases} J_4(i) = \min_{1 \leqslant i \leqslant 5} [d_{ij} + J_3(j)], i = 1,2,3,4 \\ J_4(5) = 0 \end{cases}$$

计算结果如下:

$$J_4(1) = 2, \quad u_3^*(1) = 5$$
$$J_4(2) = 4.5, \quad u_3^*(2) = 3$$
$$J_4(3) = 4, \quad u_3^*(3) = 4$$
$$J_4(4) = 3, \quad u_3^*(4) = 5$$

(5) 由于只有 5 个点,因而从任一点出发到达靶点,其间最多有 4 步 (否则,有回路),这样就不需要继续下去了. 将计算结果列于表 3.1 中.

表 3.1 计算结果

i	$J_1(i)$	$u_1^*(i)$	$J_2(i)$	$u_2^*(i)$	$J_3(i)$	$u_3^*(i)$	$J_4(i)$	$u_4^*(i)$
1	2	5	2	5	2	5	2	5
2	7	5	5.5	3	4.5	3	4.5	3
3	5	5	4	4	4	4	4	4
4	3	5	3	5	3	5	3	5

可以将结果总结如下:

(1) 从点 1 到点 5 走一步为最优,最优距离为 2,最优路线 $1 \to 5$;从点 2 到点 5 走三步为最优,最优距离为 4.5,最优路线 $2 \to 3 \to 4 \to 5$;从点 3 到点 5 走两步为最优,最优距离为 4,最优路线 $3 \to 4 \to 5$;从点 4 到点 5 走一步为最优,最优距离为 3,最优路线 $4 \to 5$.

(2) 最优决策最多走 4 步，多于此步数，会出现走回头路或回路，显然这些不是最优路线.

(3) 从任一点出发到靶点，走 $m(m = 1, 2, \cdots)$ 步与走 $m + 1$ 步的最优距离一样，决策函数也一样，如果继续计算走 $m + 2$ 步、$m + 3$ 步、$\cdots\cdots$，其结果仍一样，即 $J_m(i) = J_{m+1}(i) = \cdots$，$u_m^*(i) = u_{m+1}^*(i) = \cdots$，也就说明 $J_m(i)$ 一致收敛于 $J(i)$，$u_m^*(i)$ 一致收敛于 $u^*(i)$. 故当该情况一出现，计算便可停止.

3.4 贝尔曼方程解的唯一性

这一节中，我们将证明贝尔曼方程解的唯一性.

定理 3.6 J^* 是贝尔曼方程的唯一解.

【证明】 首先证明 $J^* = TJ^*$，即代价函数 J^* 是贝尔曼方程的解. 根据模收缩原理:

$$||T^{k+1}J_0 - T^k J_0||_\infty = ||T(T^k J_0) - T(T^{k-1}J_0)||_\infty$$

$$\leqslant \alpha ||T^k J_0 - T^{k-1}J_0||_\infty$$

$$\leqslant \alpha^k ||TJ_0 - J_0||_\infty$$

由于 $\alpha \in (0, 1)$，在 $k \to \infty$ 时：

$$\lim_{k \to \infty} ||T^{k+1}J_0 - T^k J_0||_\infty = 0$$

对于 J^*，下式对于任意 k 均成立：

$$||J^* - TJ^*||_\infty = ||J^* - TJ^* + T^{k+1}J_0 - T^{k+1}J_0 + T^k J_0 - T^k J_0||_\infty$$

$$\leqslant ||TJ^* - T^{k+1}J_0||_\infty + ||J^* - T^k J_0||_\infty + ||T^{k+1}J_0 - T^k J_0||_\infty$$

当 $k \to \infty$ 时，根据定理 3.4 和模收缩原理的应用，可知不等式右侧趋于 0，因此可得 $J^* = TJ^*$，即 J^* 是贝尔曼方程的解. 下一步证明仅有代价函数 J^* 是贝尔曼方程的解. 考虑使用反证法进行证明，假设同时存在 $J_1^* \neq J_2^*$ 都是贝尔曼方程的解，即：

$$TJ_1^* = J_1^*$$

$$TJ_2^* = J_2^*$$

此时有：

$$||TJ_1^* - TJ_2^*||_\infty = ||J_1^* - J_2^*||_\infty > 0$$

根据模收缩原理,易有:

$$\|TJ_1^* - TJ_2^*\|_\infty \leqslant \alpha \|J_1^* - J_2^*\|_\infty$$

由于 $\alpha \in (0,1)$,可知 $\|J_1^* - J_2^*\|_\infty \leqslant \alpha \|J_1^* - J_2^*\|_\infty$ 不成立,出现矛盾,故仅有代价函数 J^* 是贝尔曼方程的解. 综上所述,有且仅有 J^* 是贝尔曼方程的解,定理 3.6 得证.

3.5 策略迭代算法

数值迭代通过直接优化代价函数,最后在最优代价函数的情况下获取最优决策,还有一种迭代方法通过交替地对策略本身进行评估和改进,直到最终收敛,此时的决策即为最优决策,而相应的代价函数就是最优代价函数. 我们将这种迭代方法称为**策略迭代算法**. 其过程如下:

第 1 步:初始化迭代条件,在 $k = 0$ 时取定初始策略 u_0;

第 2 步:计算 $J_{u_k} = \boldsymbol{g}_{\boldsymbol{u}_k} + \alpha \boldsymbol{P}_{\boldsymbol{u}_k} J_{u_k}$;

第 3 步:让 $u_{k+1} = u_{J_{u_k}}$;

第 4 步:如果 $u_{k+1} = u_k$,则结束,否则返回第 2 步.

注意,第 2 步是为每一次迭代获得更佳的策略. 由于策略集是有限的,该算法将在有限的时间步内终止,我们通常用下述定理正式阐述这一点.

定理 3.7 经过有限次迭代后,策略迭代收敛于 u^*.

【证明】 若 u_k 是最优的,即得证. 若 u_k 不是最优的,则至少存在一个状态 x,有严格不等式:

$$TJ_{u_k} \leqslant T_{u_k} J_{u_k} = J_{u_k}$$

由于 $T_{u_{k+1}} J_{u_k} = T_u J_{u_k} = J_{u_k} = TJ_{u_k}$ 且 $J_{u_k} = T_{u_k} J_{u_k}$,当 $n \to \infty$ 时我们有:

$$J_{u_k} = T_{u_k} J_{u_k} \geqslant TJ_{u_k} = T_{u_{k+1}} J_{u_k} \geqslant T_{u_{k+1}}^n J_{u_k} \to J_{u_{k+1}}$$

因此,策略是 u_{k+1} 在 u_k 之上的改进.

下面我们仍然通过例题 3.1 中的问题来理解策略迭代的求解过程,注意体会其与数值迭代方法的区别.

【**例题 3.2**】 使用策略迭代算法求解例题 3.1 中 1、2、3、4 这 4 地到 5 地距离最短的运输路线,道路如图 3.2 所示.

【解答】 (1) 先选取初始策略 $u_1(i)$,如取 $u_1(1) = 5, u_1(2) = 4, u_1(3) = 5, u_1(4) = 3$,即 $u_1(i) = 5, 4, 5, 3$,注意必须没有回路且可达目标点;

第 3 章 折扣成本问题

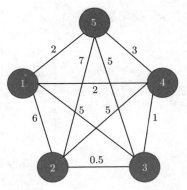

图 3.2　例题 3.2 道路示意图

(2) 由 $u_1(i)$ 计算 $J_1(i)$，由策略迭代法可得：

$$\begin{cases} J_1(i) = d_{1,u_1(i)} + J_1(u_1(i)) \\ J_1(5) = 0 \end{cases}$$

由于策略 $u_1(i)$ 和 $u_3(i)$ 直达目标点，应该先计算：

$$J_1(1) = d_{15} + J_1(5) = 2 + 0 = 2$$
$$J_1(3) = d_{35} + J_1(5) = 5 + 0 = 5$$
$$J_1(4) = d_{43} + J_1(3) = 1 + 5 = 6$$
$$J_1(2) = d_{24} + J_1(4) = 5 + 6 = 11$$

(3) 由 $J_1(i)$ 计算 $u_2(i)$，由策略迭代法可得需要求解 $\min_{u(i)}\left[d_{i,u(i)} + J_1(i)\right]$：
当 $u_1(i) = 1$ 时，

$$\min_{u(i)}\left[d_{i,u(i)} + J_1(i)\right] = \min \begin{bmatrix} d_{11} + J_1(1) \\ d_{21} + J_1(2) \\ d_{31} + J_1(3) \\ d_{41} + J_1(4) \\ d_{51} + J_1(5) \end{bmatrix}$$

$$= \min \begin{bmatrix} 0 + 2 \\ 6 + 11 \\ 5 + 5 \\ 2 + 6 \\ 2 + 0 \end{bmatrix}$$

$$= 2$$

所以 $u_2(1) = 5$(不在含 d_{ii} 的项取 $u_2(1)$). 当 $u_1(i) = 2$ 时,

$$\min_{u(i)} \left[d_{i,u(i)} + J_1(i) \right] = \min \begin{bmatrix} d_{12} + J_1(1) \\ d_{22} + J_1(2) \\ d_{32} + J_1(3) \\ d_{42} + J_1(4) \\ d_{52} + J_1(5) \end{bmatrix}$$

$$= \min \begin{bmatrix} 6 + 2 \\ 0 + 11 \\ 0.5 + 5 \\ 5 + 6 \\ 7 + 0 \end{bmatrix}$$

$$= 5.5$$

所以 $u_2(2) = 3$. 同理可以求得 $u_2(3) = 5, u_2(4) = 5$. 于是第一次策略迭代后的结果为: $u_2(i) = 5, 3, 5, 5$.

(4) 重复上述 $u_k(i)$ 到 $J_k(i)$ 到 $u_{k+1}(i)$ 的步骤,并将每步结果整理列于表 3.2 中.

表 3.2 计算结果

i	1	2	3	4
$u_1(i)$	5	4	5	3
$J_1(i)$	2	11	5	6
$u_2(i)$	5	3	5	5
$J_2(i)$	2	5.5	5	3
$u_3(i)$	5	3	4	5
$J_3(i)$	2	4.5	4	3
$u_4(i)$	5	3	4	5

由以上结果可见 $u_3(i) = u_4(i)$,说明迭代步骤可以停止. 故找到最优策略为 $u^*(i) = 5, 3, 4, 5$. 从而可以得到各点到点 5 的最优路线和最优距离:

从点 1 到点 5 走 1 步为最优,最优距离为 2,最优路线 $1 \to 5$;

从点 2 到点 5 走 3 步为最优,最优距离为 4.5,最优路线 $2 \to 3 \to 4 \to 5$;

从点 3 到点 5 走 2 步为最优,最优距离为 4,最优路线 $3 \to 4 \to 5$;

从点 4 到点 5 走 1 步为最优,最优距离为 3,最优路线 $4 \to 5$.

这与前面例题 3.1 中数值迭代的结果一致.

注意到在策略迭代的算法过程中，第 2 步中计算 $J_{u_k} = g_{u_k} + \alpha P_{u_k} J_{u_k}$ 的代价极大，因此我们希望改进现有的策略迭代算法，使得第 2 步的迭代次数减少，这就是我们下面将要介绍的**异步策略迭代算法** (asynchronous policy iteration)，其算法过程如下：

1. 初始为策略 u_0，代价函数 J_0 和 $k=0$.
2. 对于子集 $S_k \subset S$，执行下面两步骤之一：
(1) 数值更新 $(J_{k+1})(x) = (T_{u_k} J_k)(x), \forall x \in S_k$
(2) 策略更新 $u_{k+1}(x) = u_{J_k}(x), \forall x \in S_k$.
3. 令 $k = k+1$，若不收敛则返回第 2 步.

我们通过下面的定理和引理来说明异步策略迭代算法的收敛性.

定理 3.8 若 $T_{u_0}(J_0) \leqslant J_0$，且每一个状态都进行无穷多的数值和策略更新，则：
$$\lim_{k \to \infty} J_k = J^*$$

【证明】 需分两步证明该定理，首先，要证明：$J^* \leqslant J_{k+1} \leqslant J_k, \forall k$. 这表明 J_k 是非增序列，由于 J_k 的下限为 J^*，故 J_k 将收敛于某值，即 $J_k \to \bar{J}$. 然后再证明 $\bar{J} = J^*$.

为此，我们只需证明以下两个引理.

引理 3.2 若 $T_{u_0}(J_0) \leqslant J_0$，由异步策略迭代生成的序列 J_k 收敛.

【证明】 我们由证明下式开始：若 $T_{u_k} J_k \leqslant J_k$，则 $T_{u_{k+1}} J_{k+1} \leqslant J_{k+1} \leqslant J_k$. 事实上，假设有数值更新，那么：

$$\left.\begin{array}{l} \forall x \in S_k, J_{k+1}(x) = (T_{u_k} J_k)(x) \leqslant J_k(x) \\ \forall x \notin S_k, J_{k+1}(x) = J_k(x) \end{array}\right\} J_{k+1} \leqslant J_k$$

因而：

$$(T_{u_{k+1}} J_{k+1})(x) = (T_{u_k} J_{k+1})(x)$$
$$\leqslant (T_{u_k} J_k)(x) \begin{cases} = J_{k+1}(x), & \forall x \in S_k \\ \leqslant J_k(x) = J_{k+1}(x), & \forall x \notin S_k \end{cases}$$

现在假定有策略更新，则 $J_{k+1}(x) = J_k(x)$. 此外，当 $x \in S_k$ 时，有：

$$(T_{u_{k+1}} J_{k+1})(x) = (T_{u_{k+1}} J_k)(x)$$
$$= (TJ_k)(x)$$

$$\leqslant (T_{u_k} J_k)(x)$$
$$\leqslant J_k(x)$$
$$= J_{k+1}(x)$$

第一个等式来自于 $J_{k+1}(x) = J_k(x)$，第二个等式和第一个不等式来自于事实，那就是当 $x \in S_k$ 时，$u_{k+1}(x)$ 关于 $J_k(x)$ 贪婪，第二个不等式来自于归纳假设，第三个等式来自于 $J_{k+1}(x) = J_k(x)$. 当 $x \notin S_k$ 时，有：

$$(T_{u_{k+1}} J_{k+1})(x) = (T_{u_k} J_k)(x)$$
$$\leqslant J_k(x)$$
$$= J_{k+1}(x)$$

等式成立时由于当 $x \notin S_k$ 时，有 $J_{k+1} = J_k$ 和 $u_{k+1}(x) = u_k(x)$，不等式来自于归纳假设. 由假设 $T_{u_0} J_0 \leqslant J_0$ 可以推断 J_k 为递减序列，此外，由 $T_{u_k} J_k \leqslant J_k$，因此 $J_k \geqslant J_{u_k} \geqslant J^*$，所以 J_k 有下限，那么 J_k 收敛于某个极限 $\bar{J}$.

引理 3.3 假如 J_k 收敛于 $\bar{J}$，其中 J_k 由异步策略迭代产生，并且假如在每一个状态都有无穷多的数值和策略更新，那么 $\bar{J} = J^*$.

【证明】 首先注意到，由于 $TJ_k \leqslant J_k$ 为递减序列，根据算子 T 的连续性，肯定有 $T\bar{J} \leqslant \bar{J}$. 假如对于某些状态 x，$(T\bar{J})(x) \leqslant \bar{J}(x)$，根据连续性，存在迭代指数 $\bar{k}$，在 $k \geqslant \bar{k}$ 时，使得 $(TJ_k)(x) \leqslant \bar{J}(x)$. 让 $k'' \geqslant k' \geqslant \bar{k}$ 相应于异步策略迭代算法的迭代次数，使得在状态 x 迭代 k' 次时策略更新，在状态 x 迭代 k'' 次时数值更新，在状态 x 迭代 $k' \leqslant k \leqslant k''$ 次时无更新. 由于每个状态有无限多的数值和策略更新迭代，所以这类迭代肯定存在. 那么，有 $u_{k''}(x) = u_{k'+1}(x)$，$J_{k''}(x) = J_{k'}(x)$，以及

$$J_{k''+1}(x) = (T_{u_{k''}} J_{k''})(x)$$
$$= (T_{u_{k'+1}} J_{k''})(x)$$
$$\leqslant (T_{u_{k'+1}} J_{k'})(x)$$
$$= (TJ_{k'})(x)$$
$$\leqslant \bar{J}$$

第一个等式成立是由于状态 x 迭代 k'' 次时数值更新，第二个等式成立是由于 $u_{k''}(x) = u_{k'+1}(x)$，第一个不等式成立是由于 J_k 递减且 $T_{u_{k'+1}}$ 单调，第三个等式

成立是由于在状态 x 迭代 k' 次时有策略更新. 我们已推导出 $J_{k''+1}(x) \leqslant \bar{J}$, 但是根据假设 J_k 递减地趋于 $\bar{J}$, 则存在矛盾, 那么必须有 $T\bar{J} = \bar{J}$, 则 $\bar{J} = J^*$.

3.6 平稳策略最优化

在这一节中, 我们来证明平稳策略同时也是最优策略. 首先介绍以下引理.

引理 3.4 若 $J \leqslant TJ$, 则 $J \leqslant J^*$; 若 $J \geqslant TJ$, 则 $J \geqslant J^*$.

【证明】 在 $J \leqslant TJ$ 时, 根据算子 T 的单调性, 将算子 T 同时作用于两边 $k-1$ 次, 可得:
$$J \leqslant TJ \leqslant T^2J \leqslant \cdots \leqslant T^kJ$$
当 k 足够大时, T^kJ 趋于 J^*, 因此可以得到:
$$J \leqslant J^*$$
同理对于另一种情况也可以证明. 证毕.

对于平稳策略最优化, 换言之, 当决策规则保持不变且存在最优策略时, 存在平稳策略为最优策略. 我们用下述定理进行描述.

定理 3.9 定义 $u = (u_1, u_2, \cdots)$ 表示任意策略, 定义 $u^* \equiv u_{J^*}$, 即 $J = TJ^* = T_{u^*}J^*$, 那么, $J_u \leqslant J_{u^*} = J^*$. 若 u 为满足 $T_uJ^* \neq TJ^*$ 的任意平稳策略, 则至少存在一个状态 $x \in S$ 满足 $J_u(x) > J^*(x)$.

【证明】 因为 g 和 J 有限, 所以存在实数 M 满足 $\|g_u\|_\infty \leqslant M$ 和 $\|J^*\|_\infty \leqslant M$, 定义 $J_u^k = T_{u_1}T_{u_2}\cdots T_{u_k}J^*$, 则当 $k \to \infty$ 时,
$$\left\|J_u^k - J_u\right\|_\infty \leqslant M\left(1 + \frac{1}{1-\alpha}\right)\alpha^k \to 0$$

若 $u = (u_1^*, u_2^*, \cdots)$, 则当 $k \to \infty$ 时 $\left\|J_{u^*} - J_{u^*}^k\right\|_\infty \to 0$. 这样, 我们有 $J_{u^*}^k = T_{u^*}^k J^* = J^*$, 因此 $J_{u^*} = J^*$. 对于其他任何策略和所有 k, 有:
$$J_u \geqslant J_u^k - M\left(1 + \frac{1}{1-\alpha}\right)\alpha^k$$
$$= T_{u_1}\cdots T_{u_k}J^* - M\left(1 + \frac{1}{1-\alpha}\right)\alpha^k$$
$$\geqslant T_{u_1}\cdots T_{u_{k-1}}J^* - M\left(1 + \frac{1}{1-\alpha}\right)\alpha^k$$
$$\geqslant \cdots \geqslant J^* - M\left(1 + \frac{1}{1-\alpha}\right)\alpha^k$$

第4章

平均成本问题

4.1 问题描述与问题转化

除了引入折扣因子,另一个自然的想法就是将累加后的代价函数按所有的求解阶段进行平均. 我们可以写出以下代价函数:

$$J_u(x) = \limsup_{T \to \infty} \frac{1}{T} E\left[\sum_{t=0}^{T-1} g_u(x_t) \mid x_0 = x\right] \tag{4.1}$$

在之前的有限阶段问题以及折扣成本问题中,我们已经知道了如何直接通过最优代价函数 $J^*(x,t)$ 或 $J^*(x)$ 来得到最优决策. 遗憾的是,这一做法对于平均成本问题未必有效,因为对于不同的初始状态,上述平均成本问题的代价函数 $J_u(x)$ 可能取相同的值. 这一点可以作如下直观理解: 随着状态转移次数不断增加直至无穷,初始状态的影响被无限减弱了.

为了更为清晰地理解这一点,我们采用一种稍显迂回的方式,先不考虑"平均",而是回到有限阶段问题的框架下,试图建立其与无限阶段问题的联系. 而通过这一过程中的诸多推导和证明,平均成本问题也会巧妙地得以解决.

假设状态集为 $S = \{x_1, x_2, \cdots, x_n\}$,指定某个状态 $x^* \in S$,试想一个以任意 x 为初始状态的状态序列:

$$\underbrace{x, \cdots,}_{h(x)} \underbrace{x^*, \cdots,}_{\lambda_u^1} \underbrace{x^*, \cdots,}_{\lambda_u^2} x^*, \cdots, \tag{4.2}$$

令 $T_i(x)$ 表示第 i 次到达状态 x^* 的时刻,则相邻两次到达 x^* 的时间段是有限的 (实际上这一点需要严格的概率证明,同时要状态转移概率矩阵满足一定的条件,此处不妨视其为一个假设,这并不妨碍后续推导),我们定义这个时间段内的平均代价函数为

$$\lambda_u^i(x) = E\left[\frac{\sum_{t=T_i(x)}^{T_{i+1}(x)-1} g_u(x_t)}{T_{i+1}(x) - T_i(x)}\right] \tag{4.3}$$

显然，$\lambda_u^i(x)$ 的值与初始状态无关，且 $\lambda_u^i(x) = \lambda_u^j(x)$. 对于有限阶段问题的代价函数：

$$J^*(x,T) = \min_u E\left[\sum_{t=0}^{T} g_u(x_t) \mid x_o = x\right] \tag{4.4}$$

我们可以将其近似表达为下面的形式：

$$J^*(x,T) \approx \lambda^*(x)T + h^*(x) + o(T), \quad 当 T \to \infty \tag{4.5}$$

其中 $h^*(x)$ 为初始时刻到第一次处于状态 x^* 时间段内的最优代价函数，称其为**差异代价函数**：

$$h^*(x) = E\left[\sum_{t=0}^{T_1(x)-1} (g_{u^*}(x) - \lambda^*)\right] \tag{4.6}$$

由于 $\lambda^*(x)$ 实际上与初始状态 x 无关，因此上式可写为

$$J^*(x,T) \approx \lambda^*(x)T + h^* + o(T), \quad 当 T \to \infty \tag{4.7}$$

回顾有限阶段问题的求解过程，代入上述近似表达式，可以得到：

$$J^*(x, T+1) = \min_a \left\{g_a(x) + \sum_y P_a(x,y) J^*(y,T)\right\}$$

$$\lambda^*(T+1) + h^*(x) + o(T) = \min_a \left\{g_a(x) + \sum_y P_a(x,y)[\lambda^*T + h^*(y) + o(T)]\right\} \tag{4.8}$$

进而可以得到：

$$\lambda^* + h^*(x) = \min_a \left\{g_a(x) + \sum_y P_a(x,y) h^*(y)\right\} \tag{4.9}$$

这一式子就是**关于 h^* 和 λ^* 的贝尔曼方程**.

仿照折扣成本问题时的做法，引入算子 T_u 和 T，含义如下：

$$T_u h = \boldsymbol{g_u} + \boldsymbol{P_u} h$$
$$Th = \min_u T_u h \qquad (4.10)$$

我们可以将前述关于 h 和 λ 的贝尔曼方程简化表示为

$$\lambda e + h = Th \qquad (4.11)$$

同样地,我们可以得出算子的单调性和偏移性,其证明方法与 4.2 节类似,注意在这里最大模收缩性质并不总是成立.

定理 4.1 (单调性)　若总有 $h \leqslant \bar{h}$,则 $Th \leqslant T\bar{h}(T_u h \leqslant T_u \bar{h})$.

定理 4.2 (偏移性)　对于所有的 h 和 $k \in \mathbb{R}$,都有 $T(h + ke) = Th + ke$. 其中 e 为单位向量.

4.2　平均成本问题的最优策略

我们已经得到了关于 h 和 λ 的贝尔曼方程,接下来的问题是如何通过这一方程得到平均成本问题的最优策略,这归结为如下定理:

定理 4.3　若 h^* 和 λ^* 满足贝尔曼方程,令 u^* 表示与 h^* 对应的策略,即 $Th^* = T_{u^*} h^*$,则有:

$$J_{u^*}(x) = \lambda^*, \forall x, \quad J_{u^*}^*(x) \leqslant J_u(x), \forall u \qquad (4.12)$$

【证明】　设 $u = \{u_1, u_2, \cdots\}$,对于任意的 N,有:

$$T_{u_{N-1}} h^* \geqslant Th^* = \lambda^* e + h^*$$
$$T_{u_{N-2}} T_{u_{N-1}} h^* \geqslant T_{u_{N-2}}(h^* + \lambda^* e)$$
$$= T_{u_{N-2}} h^* + \lambda^* e \qquad (4.13)$$
$$\geqslant Th^* + \lambda^* e$$
$$= h^* + 2\lambda^* e$$

依次递推可得:

$$T_1 T_2 \cdots T_{u_{N-1}} h^* \geqslant h^* + N\lambda^* e \qquad (4.14)$$

因此,我们有:

$$E\left[\sum_{t=0}^{N-1} g_u(x_t) + h^*(x_N)\right] \geqslant (N-1)\lambda^* e + h^* \qquad (4.15)$$

两边同除以 N 并令 N 趋于无穷大，则：

$$J_u \geqslant \lambda^* e \tag{4.16}$$

特别地，取设 $u = \{u^*, u^*, u^*, \cdots\}$，上式取等号，即：

$$J_{u^*} = \lambda^* e \tag{4.17}$$

上述定理说明，只要关于 h 和 λ 的贝尔曼方程有解，我们就可以从中获得平均成本问题的最优策略.

注意到若 (λ^*, h^*) 是贝尔曼方程的解，则对于任意标量 k，$(\lambda^*, h^* + ke)$ 也是贝尔曼方程的解. 换言之，如果贝尔曼方程有解，则其有无数个解；但是，与有限阶段问题和折扣成本问题不同，平均成本问题的贝尔曼方程不一定有解，这一点可以从以下事实得以说明：前面我们已经证明若存在解，则平均代价函数 $J_{u^*}(x)$ 与初始状态无关，但是我们很容易举出一个反例，考虑状态转移概率矩阵为单位矩阵的情形，即每次都转移到同一个状态 (即初始状态)，这种情况下平均代价函数显然会依赖于初始状态，这种情况下贝尔曼方程不能成立.

贝尔曼方程解的存在性以及代价函数的初始状态无关性与马尔可夫过程各个要素的性质紧密相关，往往需要严格的证明，我们将在下一节的讨论中给出一些有用的条件，但这并不是本书内容的重点.

4.3 与折扣成本问题的关系

无论是平均成本问题，还是折扣成本问题，都是针对非有限阶段决策问题提出的解决方法. 我们自然希望对于同一个问题两种方法给出的最优策略相同，或至少相差不大，这样才能确保理论的自洽性和方法的可用性. 本节我们就将对平均成本问题与折扣成本问题间的关系进行分析.

为了便于后续讨论，对于平均代价函数：

$$J_u(x) = \limsup_{N \to \infty} \frac{1}{N} E\left[\sum_{t=0}^{N-1} g_u(x_t) \mid x_0 = x\right] \tag{4.18}$$

我们重写为以下矩阵形式：

$$\boldsymbol{J}_u = \lim_{N \to \infty} \frac{1}{N} \sum_{t=0}^{N-1} \boldsymbol{P}_u^t \boldsymbol{g}_u \tag{4.19}$$

同理折扣代价函数可写为：

$$J_{u,\alpha} = \sum_{t=0}^{\infty} \alpha^t \boldsymbol{P_u}^t \boldsymbol{g_u} = (I - \alpha \boldsymbol{P_u})^{-1} \boldsymbol{g_u} \tag{4.20}$$

其中 u 为策略，α 为折扣因子．我们有下面的定理．

定理 4.4 对于任意平稳策略 u，存在 h_u 使得：

$$J_{u,\alpha} = \frac{1}{1-\alpha} J_u + h_u + O(|1-\alpha|) \tag{4.21}$$

为了证明这一定理，我们首先证明下述引理：

引理 4.1 对于任意平稳策略 u，有：

$$(I - \alpha \boldsymbol{P_u})^{-1} = \frac{1}{1-\alpha} \boldsymbol{P_u^*} + \boldsymbol{H_u} + O(|1-\alpha|)^1 \tag{4.22}$$

其中：

$$\begin{aligned}
\boldsymbol{P_u^*} &= \lim_{N \to \infty} \frac{1}{N} \sum_{t=0}^{N-1} \boldsymbol{P_u}^t \\
\boldsymbol{H_u} &= (I - \boldsymbol{P_u} + \boldsymbol{P_u^*})^{-1} - \boldsymbol{P_u^*} \\
\boldsymbol{P_u} \boldsymbol{P_u^*} &= \boldsymbol{P_u^*} \boldsymbol{P_u} = \boldsymbol{P_u^*} \boldsymbol{P_u^*} = \boldsymbol{P_u^*} \\
\boldsymbol{P_u^*} \boldsymbol{H_u} &= 0 \\
\boldsymbol{P_u^*} + \boldsymbol{H_u} &= I + \boldsymbol{P_u} \boldsymbol{H_u}
\end{aligned} \tag{4.23}$$

【引理证明】 令 $M_\alpha = (1-\alpha)(I - \alpha \boldsymbol{P_u})^{-1}$，由于：

$$|M_\alpha(x,y)| = (1-\alpha) \left| \sum_{t=0}^{\infty} \alpha^t \boldsymbol{P_u}^t(x,y) \right| \leqslant (1-\alpha) \left| \sum_{t=0}^{\infty} \alpha^t \cdot 1 \right| = 1$$

我们可以将 M_α 写成如下形式：

$$M_\alpha(x,y) = \frac{p(\alpha)}{q(\alpha)}$$

其中 $p(.)$ 和 $q(.)$ 为多项式函数且 $q(1) \neq 1$，假设 $\boldsymbol{P_u^*} = \lim\limits_{\alpha \to 1} M_\alpha$ 存在，我们可以将 M_α 在 $\alpha = 1$ 附近展开，即：

$$M_\alpha = \boldsymbol{P_u^*} + (1-\alpha) \boldsymbol{H_u} + O\left((1-\alpha)^2\right)$$

其中：
$$H_u = -\frac{dM_\alpha}{d\alpha}$$

因此对于 P_u^* 和 H_u，有：
$$(I - \alpha P_u)^{-1} = \frac{1}{1-\alpha} P_u^* + H_u + O(|1-\alpha|)$$

注意对于任意 α：
$$(1-\alpha)(I - \alpha P_u)(I - \alpha P_u)^{-1} = (1-\alpha)I$$

令 $\alpha \to 1$，可以得到：
$$(I - P_u) P_u^* = 0$$

所以：
$$P_u^* = P_u P_u^*$$

同理有：
$$P_u^* = P_u^* P_u$$

进而有：
$$(I - \alpha P_u) P_u^* = (1-\alpha) P_u^*$$

因此对于任意 α 有：
$$P_u^* = (1-\alpha)(I - \alpha P_u)^{-1} P_u^*$$

同样地，令 $\alpha \to 1$，并注意到 $P_u^* = \lim_{\alpha \to 1} M_\alpha$，可以得到：
$$P_u^* = P_u^* P_u^*$$

接下来我们将说明对于任意 $t \geqslant 1$，有：
$$P_u^t - P_u^* = (P_u - P_u^*)^t$$

采用数学归纳法，$t=1$ 时显然成立，假设 $t \leqslant n-1$ 都成立，即：
$$P_u^{n-1} - P_u^* = (P_u - P_u^*)^{n-1}$$

则当 $t = n$ 时：

$$(P_u - P_u^*)(P_u - P_u^*)^{n-1} = (P_u - P_u^*)(P_u^{n-1} - P_u^*)$$
$$= P_u^n - P_u P_u^* - P_u^* P_u^{n-1} + P_u^* P_u^*$$
$$= P_u^n - P_u^* - P_u^* P_u^{n-2} + P_u^*$$
$$= P_u^n - P_u^*$$

现在考虑 H_u，注意到：

$$H_u = \lim_{\alpha \to 1} \frac{M_\alpha - P_u^*}{1 - \alpha}$$
$$= \lim_{\alpha \to 1} \left[(I - \alpha P_u)^{-1} - \frac{P_u^*}{1 - \alpha} \right]$$
$$= \lim_{\alpha \to 1} \left[\sum_{t=0}^{\infty} \alpha^t \left(P_u^t - P_u^* \right) \right]$$
$$= \lim_{\alpha \to 1} \left[I - P_u^* + \sum_{t=1}^{\infty} \alpha^t (P_u - P_u^*)^t \right]$$
$$= \lim_{\alpha \to 1} \left[\sum_{t=0}^{\infty} \alpha^t (P_u - P_u^*)^t - P_u^* \right]$$
$$= (I - P_u + P_u^*)^{-1} - P_u^*$$

这样我们可以证明：

$$P_u^* H_u = P_u^* \left[(I - P_u + P_u^*)^{-1} - P_u^* \right]$$
$$= \sum_{t=0}^{\infty} P_u^* (P_u - P_u^*)^t - P_u^*$$
$$= P_u^* - P_u^* = 0$$

因为：

$$(I - P_u + P_u^*) H_u = I - (I - P_u + P_u^*) P_u^* = I - P_u^*$$

代入 $P_u^* H_u = 0$ 可得：

$$P_u^* + H_u = I + P_u H_u$$

将 P_u^k 乘至 $P_u^* + H_u = I + P_u H_u$ 两端,可得:

$$P_u^k P_u^* + P_u^k H_u = P_u^k + P_u^{k+1} H_u, \quad \forall k$$

对 $k = 0$ 到 $k = N - 1$ 求和,得到:

$$N P_u^* + \sum_{k=0}^{N-1} P_u^k H_u = \sum_{k=0}^{N-1} P_u^k + \sum_{k=1}^{N} P_u^k H_u$$

或者等价地写成:

$$N P_u^* = \sum_{k=0}^{N-1} P_u^k + \left(P_u^N - I\right) H_u$$

两边同除以 N 并令 $N \to \infty$,则有:

$$\lim_{N \to \infty} \frac{1}{N} \sum_{k=0}^{N-1} P_u^k = P_u^*$$

至此,我们证明了引理中的所有等式. 下面我们基于此引理来证明定理 4.4 的内容.

【定理证明】

$$\begin{aligned}
J_{u,\alpha} &= (I - \alpha P_u)^{-1} g_u \\
&= \left(\frac{P_u^*}{1-\alpha} + H_u + O(|1-\alpha|)\right) g_u \\
&= \frac{P_u^* g_u}{1-\alpha} + H_u g_u + O(|1-\alpha|) \\
&= \frac{1}{1-\alpha} \lim_{N \to \infty} \frac{1}{N} \sum_{t=0}^{N-1} P_u^t g_u + \underbrace{h_u}_{=H_u g_u} + O(|1-\alpha|) \\
&= \frac{J_u}{1-\alpha} + \underbrace{h_u}_{=H_u g_u} + O(|1-\alpha|).
\end{aligned} \quad (4.24)$$

证毕.

定理 4.4 建立了平均代价函数和折扣代价函数之间的数学关系,下面我们基于此定理说明两者在一定条件下的等价性. 我们首先定义一类特殊的平稳策略:若存在 $\bar{\alpha} \in (0,1)$ 使得平稳策略 u^* 对于 $\forall \alpha \in [\bar{\alpha}, 1)$ 均为最优,则我们称之为 **Blackwell 最优**.

针对 Blackwell 最优的平稳策略,我们有如下定理:

定理 4.5 存在某个 Blackwell 最优的平稳策略，在所有的平稳策略中，其对于平均成本问题也是最优的.

【证明】 因为策略的数量是有限的，必须对每个状态 x 有对应的策略 u_x，使对所有足够大的 α 有：
$$J_{u_x,\alpha}(x) \leqslant J_{u,\alpha}(x)$$

如果采取的策略 u^* 由 $u^*(x) = u_x^x$ 给出，则对所有足够大的 α，则 u^* 必满足贝尔曼方程：
$$\boldsymbol{J}_{u^*,\alpha} = \min_u \{\boldsymbol{g}_u + \alpha \boldsymbol{P}_u \boldsymbol{J}_{u^*,\alpha}\}$$

此时我们能断定 u^* 为 Blackwell 最优，现在令 u^* 为 Blackwell 最优，同时设 $\bar{u}$ 为平均成本问题的最优，则：
$$\frac{\boldsymbol{J}_{u^*}}{1-\alpha} + \boldsymbol{h}_{u^*} + O(|1-\alpha|) \leqslant \frac{\boldsymbol{J}_{\bar{u}}}{1-\alpha} + \boldsymbol{h}_{\bar{u}} + O(|1-\alpha|), \forall \alpha \geqslant \bar{\alpha}$$

取极限 $\alpha \to 1$，可以得到：
$$\boldsymbol{J}_{u^*} \leqslant \boldsymbol{J}_{\bar{u}}$$

证毕.

对于上述定理，有两点需要说明：

1. 事实上，针对所有策略建立如上的 Blackwell 最优也是可能的，而不仅限于平稳策略.

2. 为了计算获得 Blackwell 最优策略，需要涉及 $\boldsymbol{J}_u$ 和 $\boldsymbol{h}_u$ 的字典序优化以及 $\boldsymbol{J}_{u,\alpha}$ 的更高阶泰勒展开.

结合定理 4.3 和定理 4.5，我们可以得到关于 h 和 λ 的贝尔曼方程有解的如下充分必要条件：

定理 4.6 若 $\boldsymbol{J}_{u^*} = \lambda^* e$，则 u^* 是 Blackwell 最优时，贝尔曼方程 $\lambda e + h = Th$ 有解 (λ^*, h_{u^*}).

【证明】 对于足够大的 α：
$$\boldsymbol{J}_{u^*,\alpha} = \min_u \{\boldsymbol{g}_u + \alpha \boldsymbol{P}_u \boldsymbol{J}_{u^*,\alpha}\}$$

$$\frac{\boldsymbol{J}_{u^*}}{1-\alpha} + \boldsymbol{h}_{u^*} + O\left((1-\alpha)^2\right) = \min_u \left\{\boldsymbol{g}_u + \alpha \boldsymbol{P}_u \left(\frac{\boldsymbol{J}_{u^*}}{1-\alpha} + \boldsymbol{h}_{u^*} + O\left((1-\alpha)^2\right)\right)\right\}$$

$$\frac{\lambda^* \boldsymbol{e}}{1-\alpha} + \boldsymbol{h}_{u^*} + O\left((1-\alpha)^2\right) = \min_u \left\{\boldsymbol{g}_u + \alpha \boldsymbol{P}_u \left(\frac{\lambda^* \boldsymbol{e}}{1-\alpha} + \boldsymbol{h}_{u^*} + O\left((1-\alpha)^2\right)\right)\right\}$$

$$\lambda^* + \boldsymbol{h}_{u^*} + O\left((1-\alpha)^2\right) = \min_u \{\boldsymbol{g}_u + \alpha \boldsymbol{P}_u \left(\boldsymbol{h}_{u^*} + O\left((1-\alpha)^2\right)\right)\}$$

取极限 $\alpha \to 1$，可以得到：

$$\lambda^* e + h_{u^*} = \min_u \{g_u + P_u h_{u^*}\} = T h_{u^*}$$

折扣准则与平均准则的区别是明显的. 在折扣准则中，由于阶段 n 的报酬在整个目标函数中要乘以折扣因子 β 的 n 次方，因此，n 越小，阶段 n 的期望报酬在整个代价函数中越重要；反过来，n 越大，阶段 n 的期望报酬现在整个代价函数中越不重要. 相反，在平均准则中，任一阶段 n 的报酬值在整个目标函数中不起作用，它只考虑长期运行下的极限，即在将来的变化趋势. 因此，折扣准则与平均准则是相反的：折扣准则只考虑前面阶段的报酬；平均准则只考虑将来阶段的报酬.

第 5 章

Q学习

纵观本书之前所讲的方法，我们可以发现以下几个特点：

1. 对于状态集合很大的决策问题，在每个状态需要进行无数次值更新或策略更新；
2. 我们需要知道马尔可夫模型的完备信息 $g_a(x)$ 和 $P_a(x,y)$；
3. 为了得到贪心策略，我们需要计算期望形式的代价函数 $\sum_y P_a(x,y)J(y)$.

不幸的是，在实际的决策过程中这三个条件往往都难以满足，一方面真实系统的参数是难以获知的，另一方面对代价函数期望进行非常多次的计算也会带来不可接受的时间和资源代价. 因此，在这一章中，我们期望通过一些手段 (例如调整选择状态的顺序等) 来逐步减少上述问题对我们决策的不良影响.

5.1 异步数值迭代与实时数值迭代

涉及状态集合的选择与遍历，与异步策略迭代一样，我们给出以下异步数值迭代 (AVI)：

对于整个状态集合的某个子集 $S_k \in S$：

$$J_{k+1}(x_k) = (TJ_k)(x_k), \quad \forall x_k \in S_k$$

对于异步数值迭代，若每个状态的值函数都被更新过无数次，则其收敛性可以得到保证. 注意我们选择下一步状态和不断进行状态转移的过程中，我们也得到了一条状态轨迹，这条状态轨迹中包含了有关状态重要程度的信息. 具体来说，如果某些状态是系统经常遇到的，那么需要重视这些状态，通过增加数值更新次数，获得更为精确的估计和该状态下更好的行为策略. 而如果某个状态在任何策略下都从未出现过，那么此状态下代价函数的值在决策过程中从未发生作用，此状态实际上就无须进行更新.

基于这一思想,我们给出如下的异步数值迭代版本,称为实时数值迭代 (RTVI):

1. 取任意一个状态 x_0，令 $k = 0$.

2. 以一定的方式选取行为 u_k.

3. 使 $x_{k+1} = f(x_k, u_k, w_k)$，即根据当前状态及策略选择下一步的状态，$w_k$ 为随机扰动项.

4. 使 $J_{k+1}(x_{k+1}) = (TJ_k)(x_{k+1})$.

5. 令 $k = k+1$，返回第 2 步.

5.2 探索-利用权衡

在上述 RTVI 算法的描述中，我们还没有说明如何选择行为 u_k. 容易看到，如果对于每个状态 x 和 y 都有策略 u 使得状态 x 有可能在某个时刻转移到状态 y，则从状态 x 开始，一种选择 u_k 的方法就是从所有可能的行为中随机选择. 这能保证所有的状态都被无限访问，进而 AVI 的收敛结果同样适用于 RTVI.

在实际决策过程中，我们自然不希望非要等到 RTVI 收敛才开始使用好策略，而是希望尽早采用较好的策略. 基于这种考虑，一个合理的想法就是每次选择关于最优代价函数当前估计值的贪婪策略. 但是一般来讲，u_k 贪婪并不能保证收敛到最优策略. 例如图 5.1(a) 所示的情形，假如存在状态子集 B 在最优策略下重复出现，且存在一个不相交的状态子集 A 在另一策略下重复出现. 如果我们选择的初值 J_0 在状态集合 A 之外足够大，则在始终选择贪婪策略的情况下，状态将永远不会落在区域 A 之外. 因此，RTVI 永远没有机会在状态子集 B 下更新和纠正初值 J_0，则不可能达到最优策略. 但是，如果选择的初值 $J_0 \leqslant J_*$，如图 5.1(b) 所示，则选择贪婪策略会得到较好的结果. 我们通过下面的定理来说明这一点.

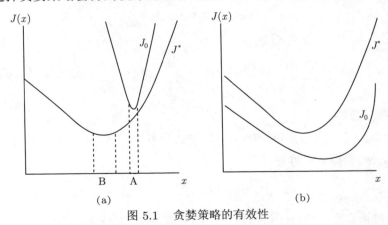

图 5.1 贪婪策略的有效性

定理 5.1 如 $J_0 \leqslant J_*$，且所有的状态之间相互可达，那么采用贪婪策略 u_t 的实时数值迭代算法 (RTVI) 满足:

(a) J_0 趋近于某个 J_∞;
(b) 对所有被无限多次访问的状态, $J_\infty = J_0$;
(c) 经过数次迭代之后, 所有的策略都将是最优的.

【证明】 由 T 的单调性可知:

$$(TJ_0)(x) \leqslant (TJ^*)(x), \forall x \Rightarrow J_1(x_1) \leqslant J^*(x_1) \text{ and } J_1(x) = J_0(x) \leqslant J^*(x), \forall x \neq x_1$$

因此, 若 $J_0 \leqslant J_*$, 则可以推知 $J_k \leqslant J_*, \forall k$, 设 A 为状态集合中被无数次访问的状态子集, 不失一般性, 同时假设只访问了 A 中的状态. 定义:

$$(T^A J)(x) = \min_a \left\{ g_a(x) + \alpha \sum_{y \in A} P_a(x,y) J(y) + \alpha \sum_{y \notin A} P_a(x,y) J_0(y) \right\}, \forall x \in A$$

可以将 J 视为从 A 到 $R^{|A|}$ 的一个函数, T^A 类似于定义在 A 状态集合上的动态规划算子, 且有:

$$\|T^A J - T^A \bar{J}\|_\infty \leqslant \alpha \|J - \bar{J}\|_\infty$$

因此, 此时实时数值迭代相当于 A 上的异步数值迭代, 可以得到:

$$J_k(x) \to J_\infty(x) = \begin{cases} J_\infty(x), & x \in A \\ J_0(x), & x \notin A \end{cases}$$

因为 A 之外的状态从来没有被访问过, 因此对于任一 J_∞ 下的贪心策略 a, 有

$$P_a(x,y) = 0, \forall x \in A, y \notin A$$

设 u_∞ 为 J_∞ 下的贪心策略, 则:

$$J_\infty(x) = g_{u_\infty}(x) + \alpha \sum_{y \in A} P_{u_\infty}(x,y) J_\infty(y) = g_{u_\infty}(x) + \alpha \sum_{y \in \mathcal{S}} P_{u_\infty}(x,y) J_\infty(y), \forall x \in A.$$

因此:

$$J_\infty(x) = J_{u_\infty}(x) \geqslant J^*(x), \quad \forall x \in A$$

由 $J_0 \leqslant J_*$ 的前提条件可知:

$$J_\infty(x) = J^*(x), \quad \forall x \in A$$

上述讨论实际上体现了决策时的一组经典冲突, 即探索与利用之间的冲突, 即优先充分利用先前学习所积累的信息, 或是优先积极探索新的可能, 探索的过程需要成本, 但可以获得更多信息从而有助于最终决策的最优.

5.3　Q 函数与 Q 学习算法

有了上述铺垫，接下来我们就可以尝试解决 $\sum_y P_a(x,y)J(y)$ 计算代价较大或 $P_a(x,y)$ 不可知的问题，为此我们先给出另一种形式的代价函数，称为动作代价函数或 Q 函数，它与状态-动作对 (而不仅仅是状态) 相关，其与之前定义的代价函数的关系如下：

$$Q^*(x,a) = g_a(x) + \alpha P_a(x_k, y) J^*(y)$$
$$J^*(x) = \min_a Q^*(x,a)$$

可以看出，Q 函数描述的是在状态 x 下做出动作 a 之后可能获得的最优代价，注意到一旦在某个状态 x 做出了一个动作 a，接下来的状态转移就被确定下来，因此我们有可能借此避开对 $\sum_y P_a(x,y)J(y)$ 的计算.

我们定义算子：

$$(HQ)(x,a) = g_a(x) + \alpha \sum_y P_a(x,y) \min_{a'} Q(y,a')$$

等式右边的 a 和 a' 是不一样的，即在状态 x 做出动作 a 后会根据下一时刻的状态选择一个相对 Q 函数的贪婪策略，求和号则是对下一时刻的所有状态求和.

不难得出该算子也满足与之前动态规划算子类似的性质.

定理 5.2　算子 H 满足以下三条性质：
(a) 单调性：对于 $\forall Q$ 和 $\bar Q$，若 $Q \leqslant \bar Q$，$HQ \leqslant H\bar Q$；
(b) 偏移性：$H(Q + Ke) = HQ + \alpha Ke$；
(c) 最大模收缩：$\|HQ - H\bar Q\|_\infty \leqslant \alpha \|Q - \bar Q\|_\infty, \forall Q, \bar Q$.

进而我们我们可以推知 H 有唯一的不动点，对应于最优 Q 函数 Q^*.

基于上述定义的算子，仿照之前的代价函数，我们也可以给出计算 Q 函数的实时数值迭代算法：

$$Q_{t+1}(x_t, u_t) = g_{u_t}(x_t) + \alpha \sum_y P_{u_t}(x,y) \min_{a'} Q_t(y, a')$$

然而，上述算法仍然没有避开对期望项 $\sum_y P_a(x,y) \cdots$ 的计算，因此，我们考虑通过已有的状态序列来对其进行估计：

$$Q_{t+1}(x_t, a_t) = g_{a_t}(x_t) + \alpha \min_{a'} Q_t(x_{t+1}, a')$$

在这里，我们将 $Q_t(x_{t+1}, a')$ 作为 $\sum_y P_{u_t}(x,y) \min_{a'} Q_t(y, a')$ 的一个估计. 这意味着我们直接根据下一个状态来选择贪婪策略，而不考虑 x 可能迁移到的其他状态. 这就是 Q 学习算法的核心思想.

5.4 Q 学习算法的收敛性分析

上述 Q 学习算法中对期望项的估计虽然大大简化了计算，也无须再知道 $P_a(x,y)$，但算法是否能较好地收敛却是值得怀疑的，我们先使用一个使算法有更好收敛性常用的手段，即将原算法调整为一个小步长更新的版本，也可视为与上一时刻的结果做一个加权平均：

$$Q_{t+1}(x_t, a_t) = (1 - \gamma_t) Q_t(x_t, a_t) + \gamma_t \left[g_{a_t}(x_t) + \alpha \min_{a'} Q_t(x_{t+1}, a') \right]$$

对于上述形式的 Q 学习算法，我们可以将其改写为如下形式：

$$Q_{t+1}(x_t, a_t) = Q_t(x_t, a_t) + \gamma_t \left[g_{a_t}(x_t) + \alpha \min_{a'} Q_t(x_{t+1}, a') - Q_t(x_t, a_t) \right]$$

进而：

$$Q_{t+1}(x,a) = Q_t(x,a) + \gamma_t(x,a) \underbrace{[g_a(x) + \alpha \sum_y P_a(x,y) \min_{a'} Q_t(y,a') - Q_t(x,a)]}_{(HQ)(x,a)}$$
$$+ \alpha \gamma_t(x,a) \underbrace{[\min_{a'} Q_t(x_{t+1}, a') - \sum_y P_a(x,y) \min_{a'} Q_t(y,a')]}_{w_t}$$

其中：

$$\gamma_t(x,a) = 0, \quad \text{if } (x,a) \neq (x_t, a_t)$$
$$\gamma_t(x_t, a_t) = \gamma_t$$
$$\mathrm{E}\left[\gamma_t w_t \mid \mathcal{F}_t\right] = 0$$
$$|w_t| \leqslant \|Q_t\|_\infty$$

综上所述，Q 学习可以描述为：

$$Q_{t+1} = Q_t + \gamma_t (HQ_t - Q_t) + \alpha \gamma_t w_t$$

我们可以对上式作如下理解：Q_t 表示当前已有的 Q 函数值，$(HQ_t - Q_t)$ 表示准确估计 (求和期望项) 与当前估计的差距，而 $\gamma_t w_t$ 是用基于下一状态贪婪策略得到的 Q 函数值估计期望 Q 函数值造成的误差.

我们可以将上式泛化到更一般的估计问题，考虑我们要解决 $r = Hr$，其中 H 为某个算符，r 为 n 维向量. 直接求解往往复杂度较高，因此我们采用迭代的方法，即 $r_{k+1} = Hr_k$，但是注意到我们常常不能得到准确的 Hr 值，而是存在一

定的误差 w(期望为 0)，我们可以通过多次采样取平均的方法减小这一误差的影响，即：

$$r_{t+1} = \frac{1}{k}\sum_{i=1}^{k}(Hr_t + w_i)$$

将其细写为递归的形式：

$$r_t^{(i)} = \frac{1}{i}\sum_{j=1}^{i}(Hr_t + w_i)$$

$$r_t^{(i+1)} = \frac{i}{i+1}r_t^{(i)} + \frac{1}{i+1}(Hr_t + w_{i+1})$$

则 $r_{t+1} = r_t^{(k)}$，以 $Hr_t^{i-1} + w_i$ 代替 $Hr_t + w_i$，可得到：

$$r_{t+1} = (1-\gamma_t)r_t + \gamma_t(Hr_t + w_t)$$

$$r_{t+1} = r_t + \gamma_t(Hr_t - r_t) + \gamma_t w_t$$

将上式和 Q 学习算法的公式进行比较，可见两者的形式是一致的，换言之，Q 学习算法是更一般的估计优化问题在马尔可夫决策过程中的体现. 对于上述问题的收敛性，需要用到 Lyapunov 函数分析等较为复杂的数学内容，这已经超过本书所能涵盖的范围，感兴趣的读者可以自行阅读相关材料. 此处我们不加证明地给出 Q 学习算法的收敛性.

定理 5.3 若对于所有的 (x,a)，有 $\sum_{t=0}^{\inf}\gamma_t(x,a) = \infty$，则 $Q_t \to Q^*$. 换言之，只要状态-动作对 (x,a) 被访问了无数多次，则 Q 函数会收敛到最优值 Q^*.

5.5 Q 学习的应用实例

前面的内容从基本动机、基本思路和数学形式几个方面对 Q 学习算法进行了说明，下面我们通过 Q 学习算法常用的一个简单例子来说明其过程，希望读者能从这个例子中体会到 Q 学习算法对 Q 函数的更新过程，以及在何处进行了对期望项的近似.

【例题 5.1】 假设某层楼共有 6 个房间，编号为房间 0 到房间 5(注意房间 5 是包围其余 4 个房间的一个大房间). 房间之间可通过门直接相通，连通关系如图 5.2 所示，例如房间 1 和房间 4 可以直接通向房间 5. 假设一个人从房间 2 出发，欲到达房间 5，其对这个房间的连通关系一无所知，试采用 Q 学习算法来寻找一条成功到达房间 5 的路径.

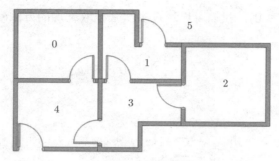

图 5.2 房间示意图

【解答】 由于最终的目标房间是 5，在到达 5 之前的每一步所获得的奖励都为 0，假设到达房间 5 所获得的奖励为 100(在之前代价函数的语义下可以理解为 -100)，这样我们可以将房间之间的连通关系抽象为图 5.3，连通线上的数字表示奖励值.

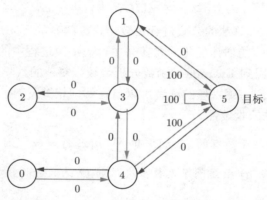

图 5.3 房间连通关系图

初始时刻此人对房间一无所知，所有 Q 函数矩阵初始化为：

$$Q = \begin{bmatrix} 0 & 0 & 0 & 0 & 0 & 0 \\ 0 & 0 & 0 & 0 & 0 & 0 \\ 0 & 0 & 0 & 0 & 0 & 0 \\ 0 & 0 & 0 & 0 & 0 & 0 \\ 0 & 0 & 0 & 0 & 0 & 0 \\ 0 & 0 & 0 & 0 & 0 & 0 \end{bmatrix}$$

其中每一行表示一个状态(所处的房间)，而每一列表示一个动作(下一步前往的房间).

同样地,奖励值矩阵为:

$$R = \begin{bmatrix} -1 & -1 & -1 & -1 & 0 & -1 \\ -1 & -1 & -1 & 0 & -1 & 100 \\ -1 & -1 & -1 & 0 & -1 & -1 \\ -1 & 0 & 0 & -1 & 0 & -1 \\ 0 & -1 & -1 & 0 & -1 & 100 \\ -1 & 0 & -1 & -1 & 0 & 100 \end{bmatrix}$$

其中 -1 表示不可行的动作,即两房间之间不连通.

有了上述两个矩阵的定义,下面我们开始依照 Q 学习算法的过程进行 Q 函数矩阵的更新.

从某个初始房间出发到达最终目标房间并在过程中完成 Q 函数矩阵更新的过程即为一次学习,注意 Q 学习算法并不必须从初始房间 2 开始,不失一般性,我们假设某次学习从房间 1 出发,为此,我们观察奖励值矩阵 R 的第 2 行,可见此时存在两个可能的动作: 到达房间 3,或者到达房间 5. 按照 Q 学习算法的核心思想,我们并不需要同时考虑两种可能,而只需要考虑按转移概率矩阵迁移到的下一个房间,这里则是随机选择一个. 不妨假设选择的是房间 5,观察 R 矩阵的第 6 行,此时有 3 个可能的动作,到达房间 1, 4 和房间 5,因此我们可以对 $Q(1,5)$ 的值进行一次更新:

$$Q(1,5) = R(1,5) + \alpha \cdot \max\{Q(5,1), Q(5,4), Q(5,5)\} = 100$$

注意此问题中代价函数表现为奖励值,因此取极大,取 $\alpha = 0.8$. 因为房间 5 是目标房间,因此我们已经完成了一次学习. 此时更新后的 Q 函数矩阵为:

$$Q = \begin{bmatrix} 0 & 0 & 0 & 0 & 0 & 0 \\ 0 & 0 & 0 & 0 & 0 & 100 \\ 0 & 0 & 0 & 0 & 0 & 0 \\ 0 & 0 & 0 & 0 & 0 & 0 \\ 0 & 0 & 0 & 0 & 0 & 0 \\ 0 & 0 & 0 & 0 & 0 & 0 \end{bmatrix}$$

接下来进行下一次学习,假设这次选择房间 3 作为我们的初始房间,观察 R 矩阵的第 4 行,有 3 个可能的动作,到达房间 1, 2 和房间 4. 我们随机选择到达房间 1 作为当前房间的动作. 进而在房间 1, 观察矩阵 R 的第 2 行, 具有 2 个可能的动作: 到达房间 3 或房间 5. 我们便可以对 $Q(3,1)$ 的值进行一次更新:

$$Q(3,1) = R(3,1) + \alpha \cdot \max\{Q(1,3), Q(1,5)\} = 80$$

注意在上述更新时 $Q(1,5)$ 的值已经是上次更新后的 100 而不是初始值 0. 由于房间 1 还不是目标房间, 所以本次学习还未完成, 需要从当前房间 1 继续选择下一个房间.

之后的过程依此类推, 请读者完成, 结果多次学习后, Q 函数矩阵会逐渐收敛如下:

$$Q = \begin{bmatrix} 0 & 0 & 0 & 0 & 80 & 0 \\ 0 & 0 & 0 & 64 & 0 & 100 \\ 0 & 0 & 0 & 64 & 0 & 0 \\ 0 & 80 & 51 & 0 & 80 & 0 \\ 64 & 0 & 0 & 64 & 0 & 100 \\ 0 & 80 & 0 & 0 & 80 & 100 \end{bmatrix}$$

这意味着我们已经学习到了到达目标房间 5 的最佳路径 (图 5.4), 从初始房间 2, 在 Q 函数矩阵的指导下进行移动即可, 可得最佳路径为: $2 \to 3 \to 1 \to 5$ 或 $2 \to 3 \to 4 \to 5$.

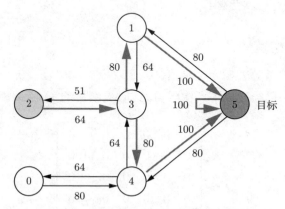

图 5.4 Q 函数收敛值即最佳路径示意图

第 6 章

线性规划方法

在之前的章节中，我们研究了基于贝尔曼方程的策略迭代或值迭代方法，本章中我们将在线性规划的视角下重新考虑动态规划问题. 一方面是说明对代价函数的最优化如何形式化为一个定义良好的线性规划问题；另一方面是说明通过线性规划得到的解是否足够准确. 注意本章的目标是说明利用线性规划求解贝尔曼方程的可行性，而不是线性规划问题本身的解法.

6.1 贝尔曼方程求解的线性规划表述

我们决策的目标就是要寻找最优的代价函数及对应的策略，这里不妨以最大化收益的情形为例 (对于最小化成本的情形，分析方法与结论完全类似)，考虑以下最优化问题：

$$\begin{aligned}&\max_J \quad c^T J\\ &\text{s.t.} \quad TJ \geqslant J\end{aligned}$$

其中，系数向量 c 为正值. 在前面的平稳策略最优化章节中，我们证明了如下引理：

引理 6.1 对于使得 $TJ \geqslant J$ 的任意 J，我们有 $J \leqslant J^*$.

因此，只要系数向量 c 为正值，上述问题的解一定就是我们欲求的最优代价 (最大收益). 问题在于，上述约束条件为：

$$(TJ)(x) \geqslant J(x)$$
$$\min_a \left\{ g_a(x) + \alpha \sum_y P_a(x,y) J(y) \right\} \geqslant J(x)$$

其中有求最小的运算，因此这并不是一个线性约束，不过我们可以将其等价地写为如下形式：

$$g_a(x) + \alpha \sum_y P_a(x,y) J(y) \geqslant J(x), \quad \forall a \in A_x$$

这样，我们就得到了一个求解贝尔曼方程的线性规划形式：

$$\max_J c^T J, \quad c > 0$$

$$g_a(x) + \alpha \sum_y P_a(x,y) J(y) \geqslant J(x), \quad \forall a \in A_x$$

由于上述问题与原贝尔曼方程等价，得到的解也是精确的，因此我们将其称为精确线性规划问题 (exact LP).

6.2 线性规划问题的对偶形式

虽然我们已经建立起了贝尔曼方程与线性规划问题的联系，但上述线性规划问题的形式只是对原贝尔曼方程求解的一个简单改写，对我们的分析与求解并没有带来实质性的好处，我们需要对其做进一步的处理. 为此，我们首先在平均成本问题的背景下将上述线性规划问题改写为对偶形式：

$$\min_\mu \sum_{x,a} \mu(x,a) g_a(x)$$

$$\text{s.t.} \sum_y \sum_a \mu(y,a) P_a(y,x) = \sum_a \mu(x,a), \forall x$$

$$\sum_{x,a} \mu(x,a) = 1$$

$$\mu(x,a) \geqslant 0, \forall x, a$$

简单起见，假设在任何策略下系统的各状态间都是可达的.

下面对上述对偶问题进行说明：

不同于确定性策略 $\pi(x)$，这里我们考虑随机化策略 $\pi(x,a)$ (randomized policies)，即在某个状态下的策略并不是给出一个确定的动作，而是依照某个概率分布对于决策集中的每个动作进行选择. 以 $u(x,a)$ 表示在状态 x 下选择动作 a 的概率. 此时，策略 u 与状态转移概率矩阵的关系为：

$$P_u(x,y) = \sum_a u(x,a) P_a(x,y)$$

策略 u 下平稳状态 $\boldsymbol{\pi}_u$ 满足条件：

$$\boldsymbol{\pi}_u^T P_u = \boldsymbol{\pi}_u^T$$

$$\sum_x \pi_u(x) = 1$$

$$\pi_u(x) \geqslant 0$$

策略 u 下某一状态 x 的成本函数 $g_u(x)$ 表示为:

$$g_u(x) = \sum_a u(x,a)g_a(x)$$

基于上述定义,对偶线性规划问题的可行解 $\mu(x,a)$ 可以理解为状态-动作对 (x,a) 出现的频率,令:

$$\pi(x) = \sum_a \mu(x,a)$$

则:

$$u(x,a) = \frac{\mu(x,a)}{\pi(x)}$$

下面我们将通过一个引理说明 $\pi(x)$ 和 $\mu(x,a)$ 与平稳状态 π 和平均成本 λ_u 之间的关系.

引理 6.2 对于对偶线性规划问题的任意可行解 $\mu(x,a)$,有如下关系成立:

$$\pi = \pi_u$$

$$\sum_{x,a} \mu(x,a)g_a(x) = \lambda_u$$

【证明】 考虑对偶线性规划问题的约束条件,我们有:

$$\sum_y \sum_a \mu(y,a)P_a(y,x) = \sum_a \mu(x,a)$$

$$\sum_y \sum_a \pi(y)u(y,a)P_a(y,x) = \pi(x)$$

$$\sum_y \pi(y)P_u(y,x) = \pi(x)$$

同时,我们知道 $\pi(x) \geqslant 0$ 且 $\sum_x \pi(x) = \sum_x \sum_a \mu(x,a) = 1$,因此 π 就是策略 u 下的平稳状态分布. 此外,由于假设了任何策略下系统的各状态间都是可达的,因此平稳状态分布是唯一的.

进而可得到:

$$\sum_{x,a} \mu(x,a)g_a(x) = \sum_x \sum_a \pi_u(x)u(x,a)g_a(x)$$

$$= \sum_x \pi_u(x)g_u(x)$$

$$= \lambda_u$$

通过上述引理,可以看出每一个对偶线性规划问题的可行解 $\mu(x,a)$ 都对应着一个策略 $u(x,a)$,我们通过单纯形或者内点法来解这一问题时会得到一个可行解序列 $\mu_1, \mu_2, \cdots$,而这也就对应着一个策略序列 $u_1, u_2, \cdots$,因此对偶线性规划问题的求解可以视为一种策略迭代的过程.

6.3 近似线性规划

精确线性规划问题固然能得到准确的解,但是其约束条件的个数与状态-动作对 (x,a) 的个数相当,要在整个代价函数空间搜索最优解相对困难,是否可以适当缩小求解空间,同时得到一个与精确解相近的解呢?这就是近似线性规划想要解决的问题.

若我们只在由某个基函数族 Φ 确定的投影空间中进行求解,则可以得到下面的最优化问题:

$$\max_r \quad c^T \Phi r$$
$$\text{s.t.} \quad T\Phi r \geqslant \Phi r$$

同样地,将其写为线性规划问题形式:

$$\max_r c^T \Phi r, \quad c > 0$$
$$g_a(x) + \alpha \sum_y P_a(x,y)(\Phi r)(y) \geqslant (\Phi r)(x), \quad \forall x \in S, a \in A_x$$

这就是近似线性规划问题 (approximate LP) 的表述形式. 由于我们只在子空间考虑问题,所以待求解变量的个数会减少,尽管约束条件的个数没变,但在近似线性规划问题中很多约束条件实际上并不起作用 (或者说自然满足). 因此,我们有可能通过近似线性规划进行高效的求解.

在精确线性规划问题中,不难看出系数向量 c 的大小并不影响最终的最优解 (只要 c 为正值),但是在近似线性规划问题中,c 的大小显然会影响最终的解. 对于 c 和最优解的关系,可以通过下面的引理来表述:

引理 6.3 向量是近似线性规划问题:

$$\max_r \quad c^T \Phi r$$
$$\text{s.t.} \quad T\Phi r \geqslant \Phi r$$

的解,当且仅当是下述问题的解:

$$\min_r \quad \|J^* - \Phi r\|_{1,c}$$
$$\text{s.t.} \quad T\Phi r \geqslant \Phi r$$

【证明】 显然近似线性规划问题等价于在所有可行的 r 中最小化 $c^T(J^* - \Phi r)$，对于所有使得 $T\Phi r \geqslant \Phi r$ 的 Φr，我们有 $\Phi r \leqslant J^*$，并且 $c^T(J^* - \Phi r) = \|J^* - \Phi r\|_{1,c}$.

上述引理说明，良好地选择系数 c 可以使得近似线性规划的求解结果更加接近真实的最优解 J^*，此外，我们求解的目标不仅是最优代价函数，更重要的是，最优策略，因此我们希望 c 的选择能体现这一目标. 下面的定理可以对 c 的选择提供一些启发：

定理 6.1 对于任意使得 $TJ \geqslant J$ 的 $J: \mathcal{S} \mapsto \Re$，有：
$$\|J_{u_J} - J^*\|_{1,\nu} \leqslant \frac{1}{1-\alpha}\|J - J^*\|_{1,\mu_{\nu,J}}$$

其中：
$$\mu_{\nu,J}^T = \mu^T (I - \alpha P_{u_J})^{-1}$$

由上述定理可见，我们选取的系数 c 应该反映各个状态被访问的期望频率，这一方面可以通过迭代式地求解近似线性规划问题，根据结果反过来调整系数 c 的大小，最终使 c 收敛到较好的选择；另一方面也可以利用某些问题本身的特征与结构，得出哪些状态更可能被访问，而哪些状态很少被访问.

接下来的问题是：近似线性规划的结果足够好吗？或者说它和我们想要近似的真实最优解 J^* 有多大的差距？显然，如果最优代价函数十分接近基函数 Φ 确定的空间，则近似解和真实解的差距相对较小. 例如，图 6.1 展示了两个状态时的情形，J^* 为真实最优解，Φr^* 为 J^* 通过投影得到的基函数 Φ 确定的空间中的最接近解，而 $\Phi \tilde{r}$ 则是我们通过近似线性规划在约束条件 $T\Phi r \geqslant \Phi r$ 下得到的近似解. 不难看出 J^* 与 Φr^* 的差距较小，尽管如此，J^* 和 $\Phi \tilde{r}$ 的差距相对较大.

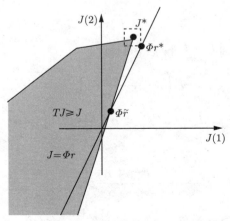

图 6.1　近似解与真实解的误差示意图

一般来说，不管 J^* 与 Φr^* 的差距如何，我们都不能保证近似解 $\Phi \tilde{r}$ 是否靠近 J^*，图 6.2 就展示了一种最坏的情形，尽管 J^* 与 Φr^* 十分接近，但该图选择的基函数 Φ 甚至无法得到一个可行解。

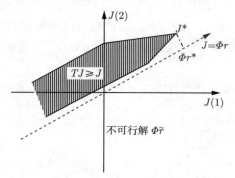

图 6.2　一个最坏的近似线性规划情形

但是，若基函数 Φ 满足一定的条件，就可以利用 J^* 与 Φr^* 的差距来对 J^* 和 $\Phi \tilde{r}$ 的差距进行界定，我们通过下面的定理来说明这一点。

定理 6.2　如果存在某些 v，使得 $\Phi v = e$，则：
$$\|J^* - \Phi \tilde{r}\|_{1,c} \leqslant \frac{2}{1-\alpha} \min_r \|J^* - \Phi r\|_\infty$$

在证明这一定理之前，我们首先证明一个辅助性的引理。

引理 6.4　对于任意 J，若令：
$$\tilde{J} = J - \frac{1+\alpha}{1-\alpha} \|J - J^*\|_\infty e$$

则：
$$T\tilde{J} \geqslant \tilde{J}$$

【证明】　令 $\epsilon = \|J - J^*\|_\infty$，我们有：
$$T\tilde{J} = T\left(J - \frac{1+\alpha}{1-\alpha}\epsilon e\right)$$
$$\|TJ - TJ^*\|_\infty \leqslant \alpha \|J - J^*\|_\infty = \alpha \epsilon$$

则：
$$T\tilde{J} \geqslant J^* - \alpha\epsilon - \frac{\alpha(1+\alpha)}{1-\alpha}\epsilon e$$
$$\geqslant J - (1+\alpha)\epsilon e - \frac{\alpha(1+\alpha)}{1-\alpha}\epsilon e$$

$$= \tilde{J} + \frac{1+\alpha}{1-\alpha}\epsilon e - (1+\alpha)\epsilon e - \frac{\alpha(1+\alpha)}{1-\alpha}\epsilon e$$
$$= \tilde{J}$$

接下来就可以证明前述定理.

【定理证明】 令 $r^* = \arg\min_r \|J^* - \Phi r\|_\infty$, $\epsilon = \|J^* - \Phi r^*\|_\infty$, 则由引理 6.4, 近似线性规划的一个可行解为:

$$\Phi \bar{r} = \Phi r^* - \frac{1+\alpha}{1-\alpha}\epsilon e$$

由引理 6.3 可以得到:

$$\|J^* - \Phi \tilde{r}\|_{1,c} \leqslant \|J^* - \Phi \bar{r}\|_{1,c}$$
$$= \left\| J^* - \Phi r^* - \frac{1+\alpha}{1-\alpha}\epsilon e \right\|_{1,c}$$
$$\leqslant \|J^* - \Phi r^*\|_{1,c} + \frac{1+\alpha}{1-\alpha}\epsilon$$
$$\leqslant \|J^* - \Phi r^*\|_\infty + \frac{1+\alpha}{1-\alpha}\epsilon$$
$$\leqslant \epsilon + \frac{1+\alpha}{1-\alpha}\epsilon$$
$$= \frac{2}{1-\alpha}\epsilon$$

至此，我们说明了通过近似线性规划来求解贝尔曼方程的可行性，只要较好地选择求解子空间和系数 c 等，我们就可以获得对真实解近似较好的结果. 当然，上述讨论也还存在一些问题，例如：定理 6.2 中误差界没有考虑系数 c 的影响；在实际决策过程中，尤其是大规模问题中，我们并不需要在所有状态上都获得一样好的近似. 这些问题的解决有赖于近似线性规划在马尔可夫过程背景下的进一步改进，留待读者自行探索.

6.4 应用实例

下面通过一个例子说明近似线性规划方法在马尔可夫决策过程中的应用，同时也希望读者在这个例子中体会马尔可夫决策过程中从各要素建模，到建立最优化代价函数的贝尔曼方程，到最后转化成近似线性规划问题的完整流程.

【例题 6.1】 (医院最优预约问题) 医院的医疗资源是有限的，我们需要合理地调度才能最大限度地满足病患的需要，最优化医疗体系的整体效率. 我们将此简化抽象为如下的问题：设某医院的医疗资源按时间段分配，每天共开放 C_r 个常规可预约时间段，假设病人依据优先级共分为 I 类，其优先级表示为可等待时间 $T_i(i=1,2,\cdots,I)$，对于类型为 i 的病人，其所需医疗资源表示为一个向量 $r_i = \{r_{ij}\}_{j=1}^{l_i}$，其中 l_i 表示所需的天数，而 r_{ij} 表示当天所需的时间段数量，例如 $r = (2,1,1,1,1)$ 意味着该病人需要连续 5 天的治疗，且 5 天所需的时间段分别为 $2,1,1,1,1$. 假设医院每天都会收到各类病人的预约请求，不同类型病人的请求之间相互独立，且服从均值为 m_i 的分布，医院最多可安排接下来 N 天的预约. 为了应对可能的紧急情况，医院可在常规可预约时间之外提供额外的可预约时间段，但每天不能超过 C_O 段，且对于每个额外的可预约时间段，需付出 h 的代价. 由于每类病人有最大可等待时间 $T_i(i=1,2,\cdots,I)$，若安排第 i 类病人的首个治疗日 n 超过了 T_i，则需要付出代价 c_{in}，这是一个关于 n 的递增函数，即超过最大可等待时间越久，代价越大. 医院还可以选择暂不处理当前的预约，对于这样的延迟，对于第 i 类病人需要付出的代价为 g_i. 医院可以查询到接下来 M 天的已预约情况，由于医院最多可安排接下来 N 天的预约，所以 $M \geqslant N + \max_i(l_i) - 1$.

【解答】 下面我们建立上述问题的最优化模型：

1. 对马尔可夫决策过程的各要素进行建模

(1) 阶段：每一天就是一个决策阶段，即医院在每一天收到各类病人预约请求并完成接下来 N 天的预约安排；

(2) 状态：我们以三元组 $s = (u, v, w) = (u_1, u_2, \cdots, u_M, v_1, v_2, \cdots, v_M, w_1, w_2, \cdots, w_I)$ 来表示状态，其中 u_m 表示第 m 天 (从安排预约的这一天算起，后同) 已经被预约的常规时间段，v_m 表示第 m 天已经被预约的额外时间段，w_i 表示当前待处理的第 i 类病人预约的数量. 注意到医院可以查询接下来 M 天的已预约情况，且 $M \geqslant N + \max_i(l_i) - 1$，所以对于一个合法的状态，应该满足 $u_M = v_M = 0$.

(3) 行为 (动作)：我们以 $a(x, y) = (x_{11}, \cdots, x_{IN}, y_1, \cdots, y_M)$ 来表示行为，其中 x_{in} 表示将第 i 类病人的首个治疗日安排在第 n 天，y_m 表示第 m 天需要的额外可预约时间段. 注意到可行的行为需要满足以下约束条件：

$$\sum_{n=1}^{N} x_{in} \leqslant w_i, \quad \forall i$$

$$u_m + \sum_{i=1}^{I} \sum_{k=\max\{m-l_i+1,1\}}^{\min\{m,N\}} r_{i(m-k+1)} x_{ik} \leqslant C_r + y_m, \quad \forall m$$

$$\sum_{i=1}^{I} \sum_{k=\min\{m,N\}} \sum_{\{m-l_i+1,1\}} r_{i(m-k+1)} x_{ik} \geqslant y_m, \quad \forall m$$

$$v_m + y_m \leqslant C_O, \quad \forall m$$

这 4 个约束条件分别表示：a. 处理的第 i 类病人预约请求的数量不能超过存在的第 i 类病人预约总数；b. 第 m 天安排的预约总数不能超过当天的资源总数 (包括常规和额外预约时间段)；c. 第 m 天需要的额外可预约时间段不会超过当天安排的所有预约时间段总数；d. 第 m 天的额外预约时间段数量不能超过最大容量 C_O。

(4) 转移概率：假设从状态 $\boldsymbol{s} = (\boldsymbol{u}, \boldsymbol{v}, \boldsymbol{w})$ 经过动作 $\boldsymbol{a}(\boldsymbol{x}, \boldsymbol{y})$ 后转移至状态 $\boldsymbol{s}' = (\boldsymbol{u}', \boldsymbol{v}', \boldsymbol{w}')$，以 $P(q_i)$ 表示有 q_i 个来自第 i 类病人的新预约请求的概率，则状态转移概率可由如下公式给出：

$$p(\boldsymbol{s}' \mid \boldsymbol{s}, \boldsymbol{a}) = \begin{cases} \prod_{i=1}^{I} P(q_i), & \boldsymbol{s}' = (\boldsymbol{u}', \boldsymbol{v}', \boldsymbol{w}') \\ 0, & \text{其他} \end{cases}$$

其中：

$$u'_m = \begin{cases} u_{m+1} - y_{m+1} + \sum_{i=1}^{I} \sum_{k=\max\{(m+1)-l_i+1,1\}}^{\min\{(m+1),N\}} r_{i[(m+1)-k+1]} x_{ik}, & m < M; \\ 0, & m = M \end{cases}$$

$$v'_m = \begin{cases} v_{m+1} + y_{m+1}, & m < M \\ 0, & m = M \end{cases}$$

$$w'_i = w_i - \sum_{n=1}^{N} x_{in} + q_i \quad \forall i$$

(5) 成本：以 $c(\boldsymbol{s}, \boldsymbol{a})$ 表示在状态 $\boldsymbol{s}$ 下采取动作 $\boldsymbol{a}$ 产生的成本，可以将其分为三部分，a. 使病人等待时间超过最大可等待时间 T_i 产生的成本；b. 使用额外的预约时间段产生的成本；c. 延迟对预约的处理产生的成本。因此，$c(\boldsymbol{s}, \boldsymbol{a})$ 表达式为：

$$c(\boldsymbol{s}, \boldsymbol{a}) = \underbrace{\sum_{i=1}^{I} \sum_{n=1}^{N} c_{in} x_{in}}_{\text{a. 等待成本}} + \underbrace{\sum_{m=1}^{M} h_m y_m}_{\text{b. 额外成本}} + \underbrace{\sum_{i=1}^{I} g_i \left(w_i - \sum_{n=1}^{N} x_{in} \right)}_{\text{c. 延迟成本}}$$

其中 h_m 为一个折扣项，$h_m = \alpha^{m-1}h, \forall m$，$\alpha$ 为折扣因子.

2. 建立代价函数最优化的贝尔曼方程

我们以折扣成本问题来考虑上述成本，由前述对各要素的定义，以 π 表示策略，可以得到状态 s 下的代价函数为：

$$J(s) \equiv \mathbb{E}_s^\pi \left[\sum_{t=1}^\infty \alpha^{t-1} c(s_t, \pi_t) \right] \quad \forall s \in S$$

进而此问题的贝尔曼方程为：

$$J(s) = \min_{a \in A_s} \left\{ c(s, a) + \alpha \sum_{s' \in S} p(s' \mid s, a) J(s') \right\} \quad \forall s \in S$$

3. 转化为近似线性规划问题

下面我们将上述贝尔曼方程转化为一个近似线性规划问题.

(1) 将贝尔曼方程写为线性规划形式：

$$\max_J \left\{ \sum_{s \in S} \gamma(s) J(s) \text{ s.t. } c(s, a) + \alpha \sum_{s' \in S} p(s' \mid s, a) J(s') \geqslant J(s) \forall a \in A_s, s \in S \right\}$$

(2) 将代价函数写为选定的某组基函数的线性组合：

$$J(s) = V_0 + \sum_{k=1}^K V_k \phi_k(s) \quad \forall s \in S \quad V_0, \cdots, V_K \in \mathbb{R}$$

其中 $\phi_k: S \to R$ 为基函数，而 $V_0, \cdots, V_K$ 表示对应的权重.

(3) 将精确线性规划方程变为近似线性规划方程：

将 (2) 中代价函数的基函数表达代入精确线性规划的表达式中，得到：

$$\max_{V_0, \cdots, V_K} \left\{ V_0 + \sum_{k=1}^K \mathbb{E}_\gamma[\phi_k] V_k \right\}$$

约束条件为：

$$(1-\alpha)V_0 + \sum_{k=1}^K \varphi_k(s, a) V_k \leqslant c(s, a) \quad \forall a \in A_s, s \in S$$

其中,

$$\mathbb{E}_\gamma[\phi_k] = \sum_{s \in S} \gamma(s) \phi_k(s) \quad \forall k$$

$$\varphi_k(s,a) = \phi_k(s) - \alpha \sum_{s' \in S} p(s' \mid s,a) \phi_k(s') \quad \forall k, a \in A_s, s \in S$$

(4) 解近似线性规划方程，并从中得到最优策略：

$$\pi^*(s) \in \underset{a \in A_s}{\arg\min} \left\{ c(s,a) + \alpha \sum_{k=1}^{K} V_k^* \left[\sum_{s' \in S} p(s' \mid s,a) \phi_k(s') \right] \right\} \quad \forall s \in S$$

第 7 章

隐马尔可夫模型

7.1 隐马尔可夫模型简介

在前文中,我们介绍了马尔可夫过程的一般定义以及一些示例. 然而,在真实世界的许多复杂动态系统中,并不能如我们所愿地为我们提供所有马尔可夫过程的所有信息,隐马尔可夫模型 (hidden Markov model, HMM) 则应运而生. HMM 自 20 世纪 60 年代被提出后,就广泛地应用于许多科研领域,例如信号处理、语义识别、生物信号分析、时间序列预测等. 本文主要对离散状态下的隐马尔可夫模型进行介绍.

顾名思义,HMM 的状态是"隐藏的""不可观测的",因此 HMM 的结构一般可以分为两层,如图 7.1所示,一层为隐藏的状态,这些隐藏状态是无法观测的,而另外一层是可以观测的状态,这些可以观测的状态与隐藏的状态之间存在着一定的联系. 我们要做的事情就是通过可以观测的状态变化来分析隐藏的状态变化情况. 举一个简单的例子,你有一个住在外地的朋友,他每天晚上七点到八点会根据当日的天气状况来选择是在家里看电视、打扫卫生还是外出散步. 这位朋友连续一段时间每天告诉你当日所选择的活动,这一系列的活动选择就构成了一个可观测集合. 现在你要在这个可观测集合的基础上,来猜测朋友所在的城市的天气状况. 此时当地的天气状况就是一个隐藏的状态序列. 一般而言,我们所说的"马尔可夫过程"在这里指的是隐藏状态的变化过程,而可观测的状态只和隐藏状态有关系. 这些可观测的状态往往是实验中的测量值. 我们也可以拿病人作为例子来说明 HMM. 当某人生病时,他的外在表现是可以观测的,我们可以得知他的症状但是不能得知具体是哪种疾病导致了这种现象. 在这个例子中,具体的疾病就是隐藏的维度而外在的病症就是可观测的状态.

为了便于代数运算,HMM 一般假定遵循以下两个条件:

(1) 齐次马尔可夫性假设. 如果用 q_k 来表示第 k 个阶段时的隐藏状态,$P(\cdot)$

表示出现的概率，则有：

$$P(q_k|q_{k-1}, q_{k-2}, \cdots) = P(q_k|q_{k-1}) \tag{7.1}$$

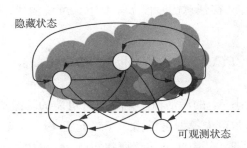

图 7.1 HMM 中隐藏状态与可观测状态示意图

(2) 观测独立性假设. 假设一个 HMM 有 m 个隐藏状态和 n 个可观测状态，并且用 r 来表示可观测状态，用 $\lambda_k \in \{r_1, r_2, \cdots, r_n\}$ 来表示第 k 个阶段时的观测状态值，则有：

$$P(\lambda_k|\lambda_1, \lambda_2, \cdots, \lambda_{k-1}, q_1, q_2, \cdots, q_k) = P(\lambda_k|q_k) \tag{7.2}$$

此时可知，观测到的状态 λ_k 只与本阶段的隐藏状态 q_k 有关，与历史隐藏状态、观测状态均无关.

除此之外，本文中还假设这里的马尔可夫链是平稳且遍历的. 如果一个马尔可夫链的转移概率与时间无关，我们称之为平稳的. 如果一个马尔可夫链从任意状态 S_i 均有可能在若干步后到达状态 S_j，我们称之为遍历的.

7.2 隐马尔可夫模型动力学

在这里我们首先对 HMM 过程中的符号进行定义. 对于一个具有 m 个隐藏状态、n 个可观测状态的隐马尔可夫模型，它的隐藏状态集合为 $S = \{s_1, s_2, \cdots, s_m\}$，第 k 阶段的隐藏状态值为 q_k，可观测状态集合为 $R = \{r_1, r_2, \cdots, r_n\}$，第 k 阶段观测到的状态值为 λ_k，隐状态转移矩阵为 $\boldsymbol{A}$：

$$\boldsymbol{A}_{m \times m} = [a_{ij}] = [P(q_k = s_j|q_{k-1} = s_i)] \tag{7.3}$$

隐状态到可观测状态之间的转移概率矩阵 $\boldsymbol{B}$，有：

$$\boldsymbol{B}_{m \times n} = [b_{ij}] = [P(\lambda_k = r_j|q_k = s_i)] \tag{7.4}$$

最后我们还需要一组在阶段 $t=1$ 时的隐藏状态初始概率分布 C：

$$c_{1\times n} = [c_i] \tag{7.5}$$

其中，$c_i = P(q_1 = s_i)$. 在任意的阶段 $t=k$ 下，可观测状态 λ_k 的激活概率如下给出：

$$P(\lambda_k) = \sum_{i=1}^{m} P(\lambda_k|q_k = s_i)P(q_k = s_i) \tag{7.6}$$

也就是说，可观测状态 λ_k 的激活概率是由所有可能的隐藏状态值共同决定的.

于是，一个隐马尔可夫模型可以由一个三元组 $\Theta = (A, B, c)$ 决定，三者也被称为 HMM 的三要素. 其中状态转移概率矩阵 A 与初始状态概率向量 c 确定了隐藏的马尔可夫链，生成了不可观测的状态序列；观测概率矩阵 B 确定了如何从隐藏状态生成观测状态，与隐藏状态序列综合确定了如何产生观测序列. 对于上述三元组中的矩阵，显然有其中每一行的总和为 1：

$$A \cdot 1^T = B \cdot 1^T = c \cdot 1^T = 1^T \tag{7.7}$$

HMM 常见的有三类基本问题：(1) 给定模型参数 Θ，求某个观测序列 Λ_N 的出现概率；(2) 给定模型参数 Θ 和某个观测序列 Λ_N，求出可能性最大的隐藏序列；(3) 对于给定的观测序列 Λ_N，调整模型参数 Θ 使得上述观测序列出现的概率最大.

首先考虑第一类基本问题. 我们定义一个观测值的集合：

$$\Lambda_N = \{\lambda_1, \cdots, \lambda_N\}$$

则这 N 个观测状态是来自于一个参数为 Θ 的 HMM 的概率为 $P(\Lambda_N|\Theta)$. 请注意，由于符号表示的方便，从现在开始，将假设观测值序列与 Θ 之间存在明确的依存关系，$P(\Lambda_N|\Theta)$ 将由 $P(\Lambda_N)$ 紧凑地表示. 此时有：

$$P(\Lambda_N) = P(\lambda_1\lambda_2\cdots\lambda_N) = P(\lambda_1) \cdot \prod_{i=2}^{N} P(\lambda_i|\lambda_1\lambda_2\cdots\lambda_{i-1}) \tag{7.8}$$

根据观测独立性假设，公式(7.8)可以写为：

$$P(\Lambda_N) = P(\lambda_1\lambda_2\cdots\lambda_N) = P(\lambda_1) \cdot P(\lambda_2) \cdots P(\lambda_N) \tag{7.9}$$

于是原问题的求解变成了对 $P(\lambda_k)$ 的计算，即为：

$$P(\lambda_k) = \sum_{i=1}^{m} P(\lambda_k | q_k = s_i) P(q_k = s_i)$$
$$= \sum_{i=1}^{m} b_i(\lambda_k) \cdot P(q_k = s_i) \tag{7.10}$$

当 $\lambda_k = r_j$ 时，$b_i(\lambda_k) = b_{ij}$.

此时我们发现，该问题的复杂度主要来自于对 $P(q_k = s_i)$ 的计算. 在第一个阶段，我们可以根据初始分布 c 很容易得出 $P(q_1 = s_i) = c_i$. 但是，随着阶段的增加，每个状态的出现可能性都与前一阶段时的所有可能状态有关，因而计算复杂度将以阶段数 k 的指数级别增长. 对于隐藏状态数为 m 的场景，第 k 个阶段的计算复杂度为 m^{k-1}. 如图 7.2 所示，在 $k = 3$ 时，当前状态的可能来源有 m^2 个. 因此即便在状态数量比较少的情况下，直接求解理论上可行，但高阶状态下的计算量依然让人望而却步. 为了取代这种依靠蛮力的求解方式，学者们引入了"前向算法"(Forward Algorithm) 来对此类问题进行求解.

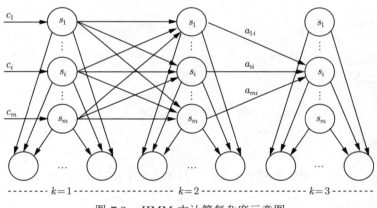

图 7.2 HMM 中计算复杂度示意图

7.3 前向算法

以图 7.3 中一个两状态 HMM 为例，在 $k = 2$ 时历史状态组合可能有以下 4 种状态：$\{s_1, s_1\}$，$\{s_1, s_2\}$，$\{s_2, s_1\}$，$\{s_2, s_2\}$，那么对于观测序列 $\Lambda_2 = \{\lambda_1, \lambda_2\}$ 的出现概率可以有：

$$\begin{aligned} P(\Lambda_2) = &P(\Lambda_2|s_1 s_1) P(s_1 s_1) + P(\Lambda_2|s_1 s_2) P(s_1 s_2) + \\ &P(\Lambda_2|s_2 s_1) P(s_2 s_1) + P(\Lambda_2|s_2 s_2) P(s_2 s_2) \end{aligned} \tag{7.11}$$

又通过观测状态的独立性可知：

$$
\begin{aligned}
P(\Lambda_2|s_is_j)P(s_is_j) &= P(\lambda_1|s_i)P(\lambda_2|s_j)P(s_i)P(s_j|s_i) \\
&= P(\lambda_1|s_i)P(s_i)P(\lambda_2|s_j)P(s_j|s_i)
\end{aligned}
\tag{7.12}
$$

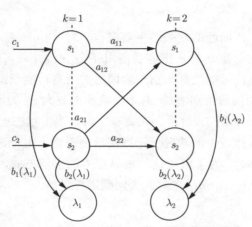

图 7.3 一个两状态 HMM 的 2 阶段演化状态示意图

随着阶段数量的增加，N 个阶段的历史隐藏状态组合就有 m^N 个. 在这 m^N 个中选取某个可能的序列 $\boldsymbol{Q}_l$：

$$
\boldsymbol{Q}_l = \{q_1, q_2, \cdots, q_N\}, 1 \leqslant l \leqslant m^N, q_k \in \{s_1, s_2, \cdots, s_m\}
\tag{7.13}
$$

那么我们可得：

$$
P(\Lambda_N|\boldsymbol{Q}_l) = \prod_{k=1}^{N} P(\lambda_k|q_k) = \prod_{k=1}^{N} b_{\delta_k}(\lambda_k)
\tag{7.14}
$$

其中，δ_k 为 q_k 所指向的隐藏状态的编号值，例如 $q_k = s_5$ 时，$\delta_k = 5$. 对于这个隐藏序列 $\boldsymbol{Q}_l$ 有：

$$
P(\boldsymbol{Q}_l) = P(q_1)P(q_2|q_1)\cdots P(q_N|q_{N-1}) = c_{\delta_1} \cdot \prod_{k=2}^{N} a_{\delta_{k-1}\delta_k}
\tag{7.15}
$$

于是定义：

$$
\begin{aligned}
P(\Lambda_N|\boldsymbol{Q}_l \wedge \boldsymbol{Q}_l) &= c_{\delta_1} b_{\delta_1}(\lambda_1) \cdot \prod_{k=2}^{N} a_{\delta_{k-1}\delta_k} b_{\delta_k}(\lambda_k) \\
&= P(\Lambda_N|\boldsymbol{Q}_l) \cdot P(\boldsymbol{Q}_l)
\end{aligned}
\tag{7.16}
$$

为了得到公式(7.16)的概率，需要进行 $2N-1$ 次乘法运算. 对于最终的 Λ_N 的观测概率：

$$P(\Lambda_N) = \sum_{l=1}^{m^N} P(\Lambda_N|\boldsymbol{Q}_l \wedge \boldsymbol{Q}_l) \qquad (7.17)$$

就需要进行 $m^N(2N-1)$ 次乘法运算. 请注意，此时即便对于中等规模的模型和小的观察序列，计算 $P(\Lambda_N)$ 也会带来沉重的计算负担. 但是可以通过回收之前的计算结果来降低计算负担，只在有新增观测的时候才需要更新概率，这个构想就是所谓的"前向算法".

对于一个具有 m 个隐藏状态的 HMM，首个观测状态为 λ_1 的概率为：

$$P(\lambda_1) = \sum_{i=1}^{m} P(\lambda_1|q_1=s_i)P(q_1=s_i) = \sum_{i=1}^{m} P(\lambda_1 \wedge q_1=s_i) = \sum_{i=1}^{m} b_i(\lambda_1)c_i \qquad (7.18)$$

记 $b_i(\lambda_1)c_i$ 为 $\alpha_1(i)$，则有：

$$P(\lambda_1) = \sum_{i=1}^{m} \alpha_1(i) \qquad (7.19)$$

进一步观测序列 $\Lambda_2 = \{\lambda_1, \lambda_2\}$ 的概率为：

$$P(\lambda_2 \wedge \lambda_1) = P(\lambda_2|\lambda_1) \cdot P(\lambda_1) \qquad (7.20)$$

其中：

$$P(\lambda_2|\lambda_1) = \sum_{i=1}^{m} P(\lambda_2|q_2=s_i)P(q_2=s_i|\lambda_1) \qquad (7.21)$$

$P(q_2=s_i|\lambda_1)$ 表示在上一阶段观测到 λ_1 后，这一阶段的隐藏状态为 s_i 的概率，可以写为：

$$\begin{aligned}
P(q_2=s_i|\lambda_1) &= \sum_{j=1}^{m} P(q_2=s_i|q_1=s_j)P(q_1=s_j|\lambda_1) \\
&= \sum_{j=1}^{m} P(q_2=s_i|q_1=s_j)\frac{P(\lambda_1|q_1=s_j)P(q_1=s_j)}{P(\lambda_1)} \\
&= \sum_{j=1}^{m} a_{ji}\frac{b_j(\lambda_1) \cdot c_j}{P(\lambda_1)} \\
&= \sum_{j=1}^{m} a_{ji}\frac{\alpha_1(j)}{P(\lambda_1)}
\end{aligned} \qquad (7.22)$$

那么对公式(7.21)有：

$$P(\lambda_2|\lambda_1) = \sum_{i=1}^{m} b_i(\lambda_2) \sum_{j=1}^{m} a_{ji} \frac{\alpha_1(j)}{P(\lambda_1)} \tag{7.23}$$

继而公式(7.20)有：

$$P(\lambda_2 \wedge \lambda_1) = \sum_{i=1}^{m} b_i(\lambda_2) \sum_{j=1}^{m} a_{ji} \alpha_1(j) \tag{7.24}$$

此时定义：

$$\alpha_2(i) = b_i(\lambda_2) \sum_{j=1}^{m} a_{ji} \alpha_1(j) \tag{7.25}$$

可得：

$$P(\Lambda_2) = P(\lambda_2 \wedge \lambda_1) = \sum_{i=1}^{m} \alpha_2(i) \tag{7.26}$$

另外：

$$\begin{aligned} \alpha_2(i) &= P(\Lambda_2 \wedge q_2 = s_i) \\ &= P(\lambda_2|q_2 = s_i)P(q_2 = s_i|\lambda_1)P(\lambda_1) \\ &= P(\lambda_1 \wedge \lambda_2 \wedge q_2 = s_i) \end{aligned} \tag{7.27}$$

下面考虑新增的观测值 λ_3，与前文类似，可以得出：

$$P(\Lambda_3) = \sum_{i=1}^{m} b_i(\lambda_3) \sum_{j=1}^{m} a_{ji} \alpha_2(j) \tag{7.28}$$

同样定义：

$$\alpha_3(i) = b_i(\lambda_3) \sum_{j=1}^{m} a_{ji} \alpha_2(j) \tag{7.29}$$

可得：

$$P(\Lambda_3) = \sum_{i=1}^{m} \alpha_3(i) \tag{7.30}$$

最终可以得到公式(7.31)：

$$P(\Lambda_N) = P(\lambda_N|\lambda_1\lambda_2\cdots\lambda_{N-1}) = \sum_{i=1}^{m} \alpha_N(i) \tag{7.31}$$

其中：
$$\begin{cases} \alpha_N(i) = b_i(\lambda_N) \sum_{j=1}^{m} a_{ji}\alpha_{N-1}(j), N \geqslant 2 \\ \alpha_1(i) = b_i(\lambda_1), N = 1 \end{cases} \quad (7.32)$$

最后的公式(7.31)和公式(7.32)构成了前向算法的主要内容. 在此将前向算法总结为以下三个步骤：

(1) 初始化：对于 $1 \leqslant i \leqslant m$，有：
$$\alpha_1(i) = b_i(\lambda_1) \quad (7.33)$$

(2) 递归：对于 $1 \leqslant i \leqslant m$ 与 $1 \leqslant k \leqslant N$，有：
$$\alpha_k(i) = b_i(\lambda_k) \sum_{j=1}^{m} a_{ji}\alpha_{k-1}(j) \quad (7.34)$$

(3) 总结：最后对于观测序列 Λ_N 的出现概率，有：
$$P(\Lambda_N) = P(\lambda_N|\lambda_1\lambda_2\cdots\lambda_{N-1}) = \sum_{i=1}^{m} \alpha_N(i) \quad (7.35)$$

该算法的 MATLAB® 函数代码举例如下.

```matlab
function varargout=forward_algorithm(A,B,O,I)
% Forward Algorithm for discrete hidden Markov Models with 'm' hidden
% states, 'n' observable states and 'N' observations.
% A - mxm (state transition matrix)
% B - mxn (confusion matrix)
% O - 1xN (observations vector)
% c - 1xm (initial probabilities vector)
%
% Usage:
% [Alfa]=forward_algorithm(A,B,O,I)
% [Alfa ,LogLik]=forward_algorithm(A,B,O,I)
%
% Where:
% Alfa - Partial probability matrix P(Lambda_k ^ q_k).
% LogLik - Log-likelihood of O.

```

```matlab
17      [m,n]=size(B);
18      N=length(O);
19
20      %% Initialization
21      Alfa=zeros(N,m);
22      for k=1:m
23          Alfa(1,k)=I(k)*B(k,O(1));
24      end
25
26      %% Recursion
27      for l=2:N
28          for k=1:m
29              S=0;
30              for i=1:m
31                  S=S+A(i,k)*Alfa(l-1,i);
32              end
33              Alfa(l,k)=B(k,O(1))*S;
34          end
35      end
36
37      % Probability of observing O
38      P=sum(Alfa(N,:));
39
40      % function return
41      if nargout==1,
42          varargout={Alfa};
43      else
44          varargout(1)={Alfa};
45          varargout(2)={log(P)};
46      end
```

7.4 后向算法

与前向算法类似，后向算法 (Backward Algorithm) 也是一种在计算观察序列概率数值有效的方法。与前向算法不同的是，后向算法涉及从第 $k+1$ 个到第 N 个阶段的观测集合 $\Lambda_{k+1\to N}$ 出现的概率 $P(\Lambda_{k+1\to N}|q_k=s_i)$，为了方便起见，将这个概率记作 $\beta_k(i)$。此时 $\Lambda_{k+1\to N}=\{\lambda_{k+1},\cdots,\lambda_N\}$。这里我们以图 7.4 一个简单

的两状态 HMM 为例来进行说明.

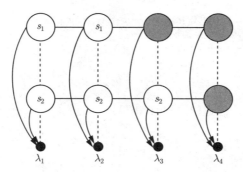

图 7.4　一个两状态 HMM 的一步后向概率示意图

从 $k=3$ 开始，上述概率计算有两种情况，分别是：

$$\beta_3(1) = P(\lambda_4|q_3=s_1)$$
$$= P(\lambda_4|q_4=s_1)P(q_4=s_1|q_3=s_1)+$$
$$P(\lambda_4|q_4=s_2)P(q_4=s_2|q_3=s_1)$$
$$= b_1(\lambda_4)a_{11} + b_2(\lambda_4)a_{12} \tag{7.36}$$

$$\beta_3(2) = P(\lambda_4|q_3=s_2)$$
$$= P(\lambda_4|q_4=s_1)P(q_4=s_1|q_3=s_2)+$$
$$P(\lambda_4|q_4=s_2)P(q_4=s_2|q_3=s_2)$$
$$= b_1(\lambda_4)a_{21} + b_2(\lambda_4)a_{22} \tag{7.37}$$

依此类推，可以发现对于一个 m 个隐藏状态、N 个观测值的 HMM，前述概率的一般形式为：

$$\beta_{N-1}(i) = \sum_{j=1}^{m} b_j(\lambda_N)a_{ij}, i=1,2,\cdots,m \tag{7.38}$$

进一步，我们考虑最后两个阶段的状态，如图 7.5 所示，此时概率 $P(\lambda_3\lambda_4|q_2=s_i)$ 表示在 $k=3$ 时观测到 λ_3 而在 $k=4$ 时观测到 λ_4 的概率. 此时可得：

$$\beta_2(1) = P(\lambda_3\lambda_4|q_2=s_1)$$
$$= P(\lambda_3|s_1)P(\lambda_4|s_1)$$

$$\begin{aligned}
&= P(\lambda_3|s_1)[b_1(\lambda_4)a_{11}a_{11} + b_1(\lambda_4)a_{21}a_{12} + \\
&\quad b_2(\lambda_4)a_{12}a_{11} + b_2(\lambda_4)a_{22}a_{12}] \\
&= b_1(\lambda_3) \cdot [a_{11}(b_1(\lambda_4)a_{11} + b_2(\lambda_4)a_{12}) + \\
&\quad a_{12}(b_1(\lambda_4)a_{21} + b_2(\lambda_4)a_{22})] \\
&= b_1(\lambda_3) \cdot [a_{11}\beta_3(1) + a_{12}\beta_3(2)] \\
&= \sum_{j=1}^{2} b_1(\lambda_3)a_{1j}\beta_3(j)
\end{aligned} \quad (7.39)$$

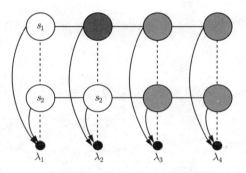

图 7.5 一个两状态 HMM 的两步后向概率示意图

类似地可得:

$$\beta_2(2) = \sum_{j=1}^{2} b_1(\lambda_3)a_{2j}\beta_3(j) \quad (7.40)$$

将其扩展到一般的后两阶段,则可得:

$$\beta_{N-2}(i) = \sum_{j=1}^{m} b_j(\lambda_{N-1})a_{ij}\beta_{N-1}(j), i = 1, 2, \cdots, m \quad (7.41)$$

总结上述后一阶段和后两阶段的规律,我们可以得出一般后 k 个阶段的形式如下:

$$\beta_{k-1}(i) = \sum_{j=1}^{m} b_j(\lambda_k)a_{ij}\beta_k(j), i = 1, 2, \cdots, m, k = 1, 2, \cdots, N \quad (7.42)$$

当 $k = N$ 时,总有:

$$\beta_N(i) = 1, i = 1, 2, \cdots, m \quad (7.43)$$

此时显然有：

$$P(\Lambda_{k+1\to N}) = \sum_{i=1}^{m} P(\Lambda_{k+1\to N}|q_k = s_i)$$
$$= \sum_{i=1}^{m} \beta_k(i) \qquad (7.44)$$

与前向算法类似地，后向算法的步骤总结如下：

(1) 初始化：对于 $1 \leqslant i \leqslant m$，有：

$$\beta_N(i) = 1 \qquad (7.45)$$

(2) 递归：对于 $1 \leqslant i \leqslant m$ 与 $2 \leqslant k \leqslant N$，有：

$$\beta_{k-1}(i) = \sum_{j=1}^{m} b_j(\lambda_k) a_{ij} \beta_k(j) \qquad (7.46)$$

(3) 总结：最后对于观测序列 $\Lambda_{k+1\to N}$ 的出现概率，有：

$$P(\Lambda_{k+1\to N}) = \sum_{i=1}^{m} \beta_k(i) \qquad (7.47)$$

该算法的 MATLAB® 函数代码举例如下.

```
1   function Beta=backward_algorithm(A,B,O)
2
3   % Backward Algorithm for discrete hidden Markov Models with 'm' hidden
4   % states , 'n' observable states and 'N' observations.
5   % A - mxm (state transition matrix)
6   % B - mxn (confusion matrix)
7   % O - 1xN (observations vector)
8
9   [m,n]=size(B);
10  N=length(O);
11
12  %% Initialization
13  Beta=zeros(N,m);
14  for k=1:m
15      Beta(N,k)=1;
```

```
16      end
17
18      %% Recursion
19      for t=N-1:-1:1,
20          for i=1:m,
21              Beta(t,i)=0;
22              for j=1:m,
23                  Beta(t,i)=Beta(t,i)+A(i,j)*B(j,O(t+1))*Beta(t+1,j);
24              end
25          end
26      end
```

值得一提的是，前向算法与后向算法还可以结合起来共同描述概率 $P(\Lambda_N)$：

$$P(\Lambda_N) = P(\Lambda_k \wedge \Lambda_{k+1 \to N})$$
$$= \sum_{i=1}^{m} \alpha_k(i)\beta_k(i) \tag{7.48}$$

该式对任意的 $k = 1, 2, \cdots, m$ 均成立. 这一结论可以应用到第三类问题的求解中，在此不再过多介绍.

7.5 维特比算法

维特比算法 (Viterbi Algorithm) 与之前介绍的前向算法、后向算法是在解决隐马尔可夫模型问题中应用最为广泛的三种基本算法. 与前向算法、后向算法不同的是，维特比算法主要针对第二类问题的求解，即在已知一组 N 个观测值的序列 $\{\lambda_1, \lambda_2, \cdots, \lambda_N\}$ 和模型参数 Θ 时，找出最可能的隐藏状态序列.

依然考虑图 7.6 中所示的两状态 HMM 例子，在仅有 1 个阶段的情况下，假设我们观测到了状态 λ_1，那么很显然最可能的隐藏状态就是图中所示的两个途径中概率最高的途径所对应的隐藏状态值. 不妨假设有 $c_1 = c_2 = 0.5$, $P(\lambda_1|q_1 = s_1) = 0.2$, $P(\lambda_1|q_1 = s_2) = 0.3$. 那么此时易有 $P(\lambda_1|c_1) = 0.1$, $P(\lambda_1|c_2) = 0.15$，最可能的是路径 2，即 $q_1 = s_2$.

在第二个观测状态 λ_2 出现后，情况如图 7.7 所示发生了改变，箭头上的数字表示了转移概率. 那么在 $q_1 = s_2$ 的基础上，观测值 λ_2 同样有两个来源，分别计算如下：

$$P(\lambda_2|q_2 = s_1)P(q_2 = s_1|q_1 = s_2) = 0.18 \tag{7.49}$$

$$P(\lambda_2|q_2=s_2)P(q_2=s_2|q_1=s_2)=0.21 \tag{7.50}$$

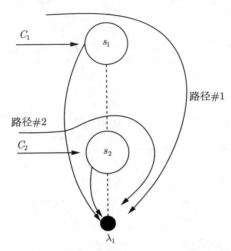

图 7.6 一阶段观测值可能来源示意图

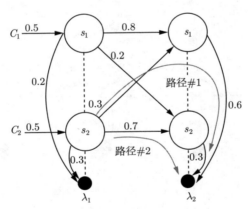

图 7.7 二阶段观测值可能来源示意图

因此此时可能性最大的来源还是路径 2，即 $q_2=s_2$. 那么对于观测值序列 $\{\lambda_1,\lambda_2\}$，其概率为：

$$P(\lambda_1\lambda_2|s_2s_2)=0.21\times 0.15=0.0315 \tag{7.51}$$

按照这样的计算方法，表 7.1 展示了不同路径组合下，观测值序列 $\{\lambda_1,\lambda_2\}$ 出现的概率. 从该表可以得出结论：与序列 s_2s_2 相比，隐藏序列 s_1s_1 产生观测序列 $\lambda_1\lambda_2$ 的概率更大，这个结果似乎与先前的推理相矛盾. 这个问题的出现是由于我们在将第一阶段的状态设置为 $q_1=s_2$ 时，已经否定了 λ_2 一半的出现可能路径.

因此在使用似然方法时，每次计算最大似然路径时都要适应性地进行. 但是这样的方法就会产生新的问题，即对于一个 m 个隐藏状态的 HMM，在 N 个观测值的情况下，要考虑的路径数量以指数 m^N 的速度增加.

表 7.1　两阶段时不同途径组合下观测值序列的出现概率计算表

隐藏序列	$P(\lambda_1 \lambda_2 | sequence)$
$s_1 s_1$	$0.5 \times 0.2 \times 0.8 \times 0.6 = 0.048$
$s_1 s_2$	$0.5 \times 0.2 \times 0.2 \times 0.4 = 0.008$
$s_2 s_1$	$0.5 \times 0.3 \times 0.3 \times 0.6 = 0.027$
$s_2 s_2$	$0.5 \times 0.3 \times 0.7 \times 0.3 = 0.0315$

与前向算法和后向算法的考虑类似，我们可以通过保留历史计算结果的方法来降低计算复杂度，这样的算法被称为维特比算法. 为了说明该算法，我们在之前的场景中再次增加一个观测值 λ_3，如图 7.8 所示. 此时可能的隐藏状态序列有 8 种情况，依次计算如表 7.2 所示. 比较表 7.1 与表 7.2，可以发现其中的共同点，如图 7.9 所示.

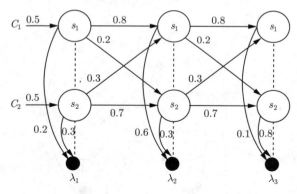

图 7.8　三阶段模型示意图

表 7.2　三阶段时不同途径组合下观测值序列的出现概率计算表

隐藏序列	$P(\lambda_1 \lambda_2 \lambda_3 | sequence)$
$s_1 s_1 s_1$	$0.5 \times 0.2 \times 0.8 \times 0.6 \times 0.8 \times 0.1 = 0.00384$
$s_1 s_1 s_2$	$0.5 \times 0.2 \times 0.8 \times 0.6 \times 0.2 \times 0.8 = 0.00768$
$s_1 s_2 s_1$	$0.5 \times 0.2 \times 0.2 \times 0.3 \times 0.3 \times 0.1 = 0.00018$
$s_1 s_2 s_2$	$0.5 \times 0.2 \times 0.2 \times 0.3 \times 0.7 \times 0.8 = 0.00336$
$s_2 s_1 s_1$	$0.5 \times 0.3 \times 0.3 \times 0.6 \times 0.8 \times 0.1 = 0.00216$
$s_2 s_1 s_2$	$0.5 \times 0.3 \times 0.3 \times 0.6 \times 0.8 \times 0.1 = 0.00432$
$s_2 s_2 s_1$	$0.5 \times 0.3 \times 0.7 \times 0.3 \times 0.3 \times 0.1 = 0.00095$
$s_2 s_2 s_2$	$0.5 \times 0.3 \times 0.7 \times 0.3 \times 0.7 \times 0.8 = 0.01764$

第 7 章 隐马尔可夫模型

隐藏序列	$P(\lambda_1\lambda_2)_{sequence}$
s_1s_1	$0.5\times0.2\times0.8\times0.6 = 0.048$
s_1s_2	$0.5\times0.2\times0.2\times0.4 = 0.008$
s_2s_1	$0.5\times0.3\times0.3\times0.6 = 0.027$
s_2s_2	$0.5\times0.3\times0.7\times0.3 = 0.315$

隐藏序列	$P(\lambda_1\lambda_2\lambda_3)_{sequence}$
$s_1s_1s_1$	$0.5\times0.2\times0.8\times0.6\times0.8\times0.1 = 0.00384$
$s_1s_1s_2$	$0.5\times0.2\times0.8\times0.6\times0.2\times0.8 = 0.00768$
$s_1s_2s_1$	$0.5\times0.2\times0.2\times0.3\times0.3\times0.1 = 0.00018$
$s_1s_2s_2$	$0.5\times0.2\times0.2\times0.3\times0.7\times0.8 = 0.00336$
$s_2s_1s_1$	$0.5\times0.3\times0.3\times0.6\times0.8\times0.1 = 0.00216$
$s_2s_1s_2$	$0.5\times0.3\times0.3\times0.6\times0.2\times0.8 = 0.00432$
$s_2s_2s_1$	$0.5\times0.3\times0.7\times0.3\times0.3\times0.1 = 0.000945$
$s_2s_2s_2$	$0.5\times0.3\times0.7\times0.3\times0.7\times0.8 = 0.01764$

图 7.9　两计算表比较图

可以看出，对于每对相邻的行，直到 $k=2$ 时概率计算值都没有变化，因此，在存在新观察结果的情况下，不必再次执行前述的所有计算，只需要将 $k=2$ 时概率计算值直接拿来用于 $k=3$ 时概率的计算即可. 这种策略虽然减少了每条路径的操作数量，但是每次新增加观测值时，路径数量指数增加的问题依然存在. 我们发现，在表 7.2 中有四组两行，它们代表获得观测序列的 4 个可能的历史路径. 可以注意到，这 4 个可能的历史路径中，有两个在第 2 阶段经过 s_1 而另外 2 个经过 s_2. 当新的观测值出现时，我们只保留与第 2 阶段相关联的主要路径，即在第 2 阶段状态的可能路径中各自保留一条可能性最大的路径，如图 7.10 和图 7.11 所示. 如此一来，每新增一个观测值，只会增加 m^2 条可能的路径，大大降低了计算复杂度.

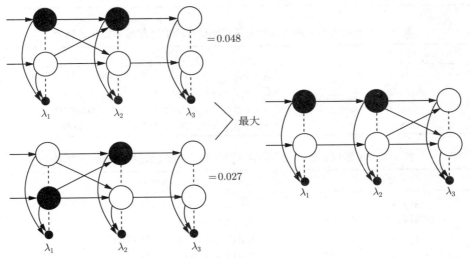

图 7.10　第 2 阶段为状态 s_1 时的似然路径保留策略示意图

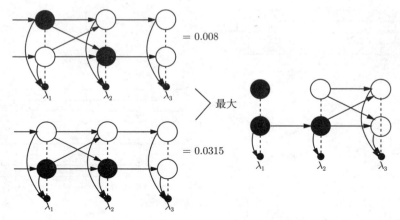

图 7.11 第 2 阶段为状态 s_2 时的似然路径保留策略示意图

在这一思路的指引下,我们重新计算前面的第 3 阶段模型示例. 首先我们计算第 2 阶段的每个可能状态的最大似然路径,计算结果如表 7.3所示. 那么第 3 阶段时 4 种可能的路径计算结果如表 7.4所示,可见此时对于第 3 阶段的状态最大似然路径分别为 $s_1s_1s_1$ 和 $s_2s_2s_2$. 进而我们还可以推知第 4 阶段的计算结果如表 7.5所示.

表 7.3 第 2 阶段每个状态最大似然路径计算表

隐藏序列	$P(\lambda_1\lambda_2\|sequence)$
s_1s_1	$0.5 \times 0.2 \times 0.8 \times 0.6 = 0.048$
s_2s_2	$0.5 \times 0.3 \times 0.7 \times 0.3 = 0.0315$

表 7.4 3 阶段时不同途径组合下观测值序列的出现概率简化计算表

隐藏序列	$P(\lambda_1\lambda_2\lambda_3\|sequence)$
$s_1s_1s_1$	$0.5 \times 0.2 \times 0.8 \times 0.6 \times 0.8 \times 0.1 = 0.00384$
$s_1s_1s_2$	$0.5 \times 0.2 \times 0.8 \times 0.6 \times 0.2 \times 0.8 = 0.00768$
$s_2s_2s_1$	$0.5 \times 0.3 \times 0.7 \times 0.3 \times 0.3 \times 0.1 = 0.00095$
$s_2s_2s_2$	$0.5 \times 0.3 \times 0.7 \times 0.3 \times 0.7 \times 0.8 = 0.01764$

表 7.5 4 阶段时不同途径组合下观测值序列的出现概率简化计算表

隐藏序列	$P(\lambda_1\lambda_2\lambda_3\|sequence)$
$s_1s_1s_1s_1$	$0.00384 \times P(\lambda_4\|s_1)P(s_1\|s_1)$
$s_1s_1s_1s_2$	$0.00384 \times P(\lambda_4\|s_2)P(s_2\|s_1)$
$s_2s_2s_2s_1$	$0.01746 \times P(\lambda_4\|s_1)P(s_1\|s_2)$
$s_2s_2s_2s_2$	$0.01746 \times P(\lambda_4\|s_2)P(s_2\|s_2)$

在这里我们引入两个新变量 $\rho_k(i)$ 和 $\psi_k(i)$，前者指在 k 阶段时，$q_k = s_i$ 的最大似然序列概率计算值，即 $\rho_k(i) = \max\{P(\lambda_1\lambda_2\cdots\lambda_k \wedge q_k = s_i)\}$；而后者则作为一个指针，它代表着使第 k 阶段为状态 i 时所对应的最可能的第 $k-1$ 阶段的隐藏状态值，即：

$$\psi_k(i) = \arg\max_j\{\rho_{k-1}(j) \cdot a_{ji} \cdot b_i(\lambda_k)\}$$

在引入上述两个变量后，维特比算法步骤总结如下：

(1) 初始化：在 $k = 1$ 时：

$$\rho_1(i) = c_i \cdot b_i(\lambda_1), i = 1, 2, \cdots, m \tag{7.52}$$

为了防止在计算机计算时出现算术下溢①，在这里将 $rho_1(i)$ 进行归一化得到 $\rho'_1(i)$：

$$\rho'_1(i) = \frac{\rho_1(i)}{\sum_{j=1}^{m}\rho_1(j)}, i = 1, 2, \cdots, m \tag{7.53}$$

由于之前没有激活的状态，故将 ψ 的值初始化为 1：

$$\psi_1(i) = 1, \ i = 1, 2, \cdots, m \tag{7.54}$$

(2) 递归：在 $1 < k \leqslant N$ 且 $i, j = 1, 2, \cdots, m$ 时，有：

$$\rho_k(i) = \max\{\rho'_{k-1} \cdot a_{ji} \cdot b_i(\lambda_k)\} \tag{7.55}$$

同样对其进行归一化：

$$\rho'_k(i) = \frac{\rho_k(i)}{\sum_{j=1}^{m}\rho_k(j)}, i = 1, 2, \cdots, m \tag{7.56}$$

此时 ψ 的值更新为：

$$\psi_k(i) = \arg\max_j\{\rho'_{k-1}(j) \cdot a_{ji} \cdot b_i(\lambda_k)\}, i, j = 1, 2, \cdots, m \tag{7.57}$$

(3) 状态计算：找出此时出现观测序列 $\{\lambda_1, \lambda_2, \cdots, \lambda_N\}$ 可能性最大的当前阶段隐藏状态值 q_N：

$$q_N = \arg\max_i\{\rho_N(i)\}, i = 1, 2, \cdots, m \tag{7.58}$$

而后可以通过 ψ_k 的计算逐步反推之前的最大似然状态：

$$q_k = \psi_{k+1}(q_{k+1}), k = N-1, \cdots, 1 \tag{7.59}$$

该算法的 MATLAB® 函数代码举例如下所示.

---

① 算术下溢也称为浮点数下溢，是指计算机浮点数计算的结果小于可以表示的最小数.

```matlab
function q=viterbi_algorithm(A,B,O,c)
% Viterbi Algorithm for discrete hidden Markov Models with 'm' hidden
% states , 'n' observable states and 'N' observations.
% A - mxm (state transition matrix)
% B - mxn (confusion matrix)
% O - 1xN (observations vector)
% c - 1xm (initial probabilities vector)

[m,n]=size(B);
N=length(O);
%% Initialization
delta=zeros(N,m);phi=zeros(N,m);
t=1;
for k=1:m
    delta(t,k)=c(k)*B(O(t),k);
    phi(t,k)=0;
end
%% Recursion
for t=2:N,
    for k=1:m,
        for l=1:m,
            tmp(l)=delta(t-1,l)*A(l,k)*B(k,O(t));
        end
        [delta(t,k),phi(t,k)]=max(tmp);
    end
end
%% Path finding
q=zeros(N,1);
[~,Inx]=max(delta(N,:));
q(N)=Inx;
for k=N-1:-1:1,
    q(k)=phi(k+1,q(k+1));
end
```

第 8 章
部分可观测马尔可夫决策过程

在前文对隐马尔可夫模型的描述中,我们注意到模型的演化都是在自然状态下发展的,没有外界操作的干扰,正如马尔可夫链模型一般. 而当我们要考虑行为对 HMM 中的隐藏转移概率或观测概率产生影响时,需要解决的问题就发生了变化,我们称此类问题为部分可观测马尔可夫决策过程 (partially observable Markov decision processes, POMDPs). 当 HMM 描述中的观测状态与隐状态之间的关系是确定的,状态观测不再有噪声时,HMM 退化为马尔可夫链模型,而 POMDPs 随之退化为 MDPs 问题. POMDP 框架是一种通用性非常好、可以对各种现实世界的顺序决策过程进行建模的方法,例如机器人导航问题、机器维护问题、不确定性下的计划问题等. 图 8.1 展示了 POMDP 的一般逻辑,一个隐藏的马尔可夫链和一个与之对应的有噪感受器共同构成了一个隐马尔可夫模型;而后 HMM 滤波通过对隐马尔可夫模型的分析计算出后验的信念状态;POMDP 则根据后验的信念状态来做出当前状态下的最优决策,这一决策行为又会作用在 HMM 中,影响系统的进一步演化.

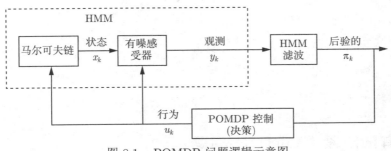

图 8.1　POMDP 问题逻辑示意图

8.1　HMM 滤波

HMM 滤波是 POMDP 问题中的关键结构. 考虑一个 $\Theta = \{P, B, \pi_0\}$ 的 HMM,隐藏状态链的状态空间为 $\mathcal{X} = \{1, 2, \cdots, X\}$,当 $k = 0$ 时,我们有 HMM

的初始状态分布的后验概率 π_0：

$$\pi_0(i) = P(x_0 = i) \tag{8.1}$$

在有限阶段下，后验分布 π_k 为：

$$\pi_k(i) = P(x_k = i | \{y_1, y_2, \cdots, y_k\}), i \in \mathcal{X} \tag{8.2}$$

随着阶段的增加，第 $k+1$ 阶段的后验分布可以计算如下：

$$\pi_{k+1} = \frac{p(y_{k+1}|x_{k+1} = j)\sum_{i=1}^{X} p_{ij}\pi_k(i)}{\sum_{l=1}^{X} p(y_{k+1}|x_{k+1} = l)\sum_{i=1}^{X} p_{il}\pi_k(i)}, j \in \mathcal{X} \tag{8.3}$$

在这里使用矩阵形式可以使公式 (8.3) 更简明. 我们定义一个 $X \times X$ 的对角矩阵来描述观测概率分布：

$$\boldsymbol{B}_{y_k} = \text{diag}(p(y_k|x_k = 1), \cdots, p(y_k|x_k = X)) \tag{8.4}$$

定义一个 $1 \times X$ 维矩阵来描述后验分布：

$$\pi_k = [\pi_k(1), \pi_k(2), \cdots, \pi_k(X)]' \tag{8.5}$$

此时 π_{k+1} 可以写作：

$$\pi_{k+1} = T(\pi_k, y_{k+1}) = \frac{\boldsymbol{B}_{y_{k+1}} P' \pi_k}{\sigma(\pi_k, y_{k+1})} \tag{8.6}$$

$$\sigma(\pi_k, y_{k+1}) = \boldsymbol{1}' \boldsymbol{B}_{y_{k+1}} P' \pi_k$$

本书将主要对有限阶段的 POMDP 问题进行介绍.

8.2 有限阶段 POMDP 问题

一个 $N(N < \infty)$ 阶段的 POMDP 问题可以用这样的一个七元组来描述：

$$\{\mathcal{X}, \mathcal{Y}, \mathcal{U}, P(u), B(u), c(u), c_N\} \tag{8.7}$$

其中：

1. $\mathcal{X} = \{1, 2, \cdots, X\}$ 表示隐藏的马尔可夫链状态空间，$x_k \in \mathcal{X}$ 表示在第 k 阶段时的可控马氏链状态，$k = 1, 2, \cdots, N$；

2. $\mathcal{Y}$ 表示可观测对象的状态空间，$y_k \in \mathcal{Y}$ 表示在第 k 阶段时的可观测对象状态，$k = 1, 2, \cdots, N$；

3. $\mathcal{U} = \{1, 2, \cdots, U\}$ 表示可用行为集合，$u_k \in \mathcal{U}$ 表示第 k 阶段时的决策行为，$k = 1, 2, \cdots, N$；

4. 对于每一个行为 $u \in \mathcal{U}$，都会存在一个 $X \times X$ 的状态转移概率矩阵 $P(u)$，其中的元素为：

$$p_{ij}(u) = P(x_{k+1} = j | x_k = i, u_k = u), i, j \in \mathcal{X} \tag{8.8}$$

5. 对于每一个行为 $u \in \mathcal{U}$，都会存在一个观测概率矩阵 $B(u)$，其中的元素为：

$$b_{iy}(u) = P(y_{k+1} = y | x_{k+1} = i, u_k = u), i \in \mathcal{X}, y \in \mathcal{Y} \tag{8.9}$$

6. 对于状态 x_k 和决策行为 u_k，都会带来一定的成本，记为 $c(x_k, u_k)$；

7. 在最终阶段 N 时，存在一个终端边界成本 $c_N(x_N)$。

一般而言，上述的转移概率矩阵、观测概率矩阵、成本函数都还可能是时间的显式函数。但是为了简化问题，我们假设这些参数都是平稳的。那么 POMDP 的流程可以描述如下：

1. 在 $k = 0$ 时，根据初始分布 π_0 来推测初始状态 x_0；

2. 在 $k = 1, 2, \cdots, N-1$ 时：

(a) 收集当前的可用信息集合：

$$\mathcal{I}_0 = \{\pi_0\}, \mathcal{I}_k = \{\pi_0, u_0, y_1, \cdots, u_{k-1}, y_k\} \tag{8.10}$$

在这些信息的支撑下做出决策：

$$u_k = \mu_k(\mathcal{I}_k) \in \mathcal{U} \tag{8.11}$$

其中 μ_k 为阶段 k 下决策者所使用的策略；

(b) 在做出决策 u_k 后获得一个即时的成本 $c(x_k, u_k)$；

(c) 隐藏状态将会以 $p_{x_k x_{k+1}}(u_k)$ 的概率转移到下一阶段的状态 x_{k+1}；

(d) 观测状态将会以 $b_{x_{k+1} y_{k+1}}(u_k)$ 的概率转移到下一阶段的可观测状态 y_{k+1}；

(e) 决策者更新可用信息集合：

$$\mathcal{I}_{k+1} = \mathcal{I}_k \cup \{u_k, y_{k+1}\} \tag{8.12}$$

(f) 当 $k < N$ 时，将 k 设置为 $k+1$ 重复上述步骤；

3. 当 $k = N$ 时，决策者付出终端边界成本 $c_N(x_N)$，POMDP 流程结束.

为了描述一个 POMDP，还需要提出它的优化准则 (代价函数)J，其中 $\boldsymbol{\mu} = \{\mu_0, \mu_1, \cdots, \mu_{N-1}\}$ 为决策者的策略序列：

$$J_\mu(\pi_0) = \mathbb{E}_\mu \left\{ \left[\sum_{k=0}^{N-1} c(x_k, u_k) + c_N(x_N) \right] \Big| \pi_0 \right\} \tag{8.13}$$

而 POMDP 的研究目标就是为决策者提出最优化策略 (其中的 min 也可以变为 max)：

$$\boldsymbol{\mu}^* = \arg\min_{\boldsymbol{\mu}} J_\mu(\pi_0) \tag{8.14}$$

8.3 POMDP 的信念空间表述

在 POMDP 问题中，最优的决策行为是根据最优策略得到的：

$$u_k = \mu_k^*(\mathcal{I}_k), \mathcal{I}_k = \{\pi_0, u_0, y_1, \cdots, u_{k-1}, y_k\} \tag{8.15}$$

我们注意到 $\mathcal{I}_k$ 的维数是随着阶段数 k 的增加而增加的，那么在实际的计算中，如果能找到一个维数不随着 k 增加的、同时又能充分代表 $\mathcal{I}_k$ 中信息的对象将会大大降低计算难度. 而我们注意到在 HMM 滤波中所计算的 π_k 就是 $\mathcal{I}_k$ 的一个充分统计量. 定义由 $\mathcal{I}_k$ 给出的后验分布为：

$$\pi_k(i) = P(x_k = i | \mathcal{I}_k), i \in \mathcal{X}, \qquad \mathcal{I}_k = \{\pi_0, u_0, y_1, \cdots, u_{k-1}, y_k\} \tag{8.16}$$

称这个 X 维向量 $\pi_k = [\pi_k(1), \cdots, \pi_k(X)]'$ 为阶段 k 的信念状态 (belief state) 或者信息状态 (information state)，与公式(8.6)类似，它可以由以下公式递归计算得出：

$$\begin{aligned}
\pi_k &= T(\pi_{k-1}, y_k, u_{k-1}) \\
T(\pi, y, u) &= \frac{B_y(u) P'(u) \pi}{\sigma(\pi, y, u)} \\
\sigma(\pi, y, u) &= \mathbf{1}_X' B_y(u) P'(u) \pi \\
B_y(u) &= \mathrm{diag}(B_{1y}(u), B_{2y}(u), \cdots, B_{Xy}(u))
\end{aligned} \tag{8.17}$$

那么公式(8.15)可以转化为：

$$u_k = \mu_k^*(\pi_k) \tag{8.18}$$

也就是说，HMM 滤波的后验概率决定了决策者的行为.

在信念状态的基础上，我们定义其所在的空间：

$$\Pi(X) := \{\pi \in \mathbb{R}^X : \mathbf{1}'\pi = 1, 0 \leqslant \pi(i) \leqslant 1, i \in \mathcal{X} = \{1, 2, \cdots, X\}\} \quad (8.19)$$

称之为信念空间 (belief space). 显然该空间可以由 $X-1$ 维单纯形来描述，一维单纯形为线段，二维单纯形为三角形，三维单纯形为四面体. 图 8.2 展示了在 $X=3, X=4$ 时的单纯形示例.

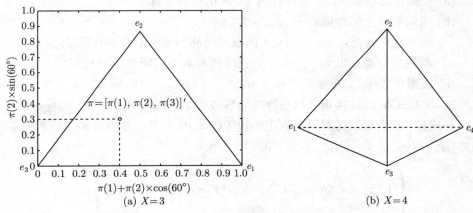

图 8.2 $X=3, X=4$ 时的单纯形示意图

此时 POMDP 的代价函数(8.13)可以写为：

$$\begin{aligned}
J_\mu(\pi_0) &= \mathbb{E}_\mu\left\{\sum_{k=0}^{N-1} c(x_k, u_k) + c_N(x_N)\Big|\pi_0\right\} \\
&= \mathbb{E}_\mu\left\{\sum_{k=0}^{N-1} \mathbb{E}\{c(x_k, u_k)|\mathcal{I}_k\} + \mathbb{E}\{c_N(x_N)|\mathcal{I}_k\}\Big|\pi_0\right\} \\
&= \mathbb{E}_\mu\left\{\sum_{k=0}^{N-1}\sum_{i=1}^{X} c(i, u_k)\pi_k(i) + \sum_{i=1}^{X} c_N(i)\pi_N(i)\Big|\pi_0\right\} \\
&= \mathbb{E}_\mu\left\{\sum_{k=0}^{N-1} c'_{u_k}\pi_k + c'_N\pi_N\Big|\pi_0\right\}
\end{aligned} \quad (8.20)$$

其中 c_u 与 c_N 是两个 X 维向量，分别表示采取行动 u 时的即时成本和终端边界成本：

$$\begin{cases} c_u = [c(1,u),\cdots,c(X,u)]' \\ c_N = [c_N(1),\cdots,c_N(X)]' \end{cases} \tag{8.21}$$

正如图 8.1所示，HMM 滤波环节通过有噪观测状态 y_k 来计算信念状态 π_k，而后 POMDP 环节应用信念状态来选择行为 u_k，这一行为又将回过头来作用于隐藏序列和观测序列的演变. 引入信念空间后，POMDP 的流程可以重新整理如下：

1. 在 $k=0$ 时，根据初始分布 π_0 来推测初始状态 x_0；
2. 在 $k=0,1,2,\cdots,N-1$ 时：
   (a) 根据信念状态 π_k 来选择行为 $u_k = \mu_k(\pi_k) \in \mathcal{U}$；
   (b) 决策者产生即时成本 $v'_{u_k}\pi_k$；
   (c) 隐藏状态将会以 $p_{x_k x_{k+1}}(u_k)$ 的概率转移到下一阶段的状态 x_{k+1}；
   (d) 观测状态将会以 $b_{x_{k+1}y}(u_k)$ 的概率转移到下一阶段的可观测状态 y_{k+1}；
   (e) 根据公式(8.17)更新信念状态 $\pi_{k+1} = T(\pi_k, y_{k+1}, u_k)$；
3. 当 $k=N$ 时，决策者付出终端边界成本 $c_N(x_N)$，POMDP 流程结束.

相应地，我们可以得到针对有限阶段 POMDP 的贝尔曼方程和决策者的最优策略 $\boldsymbol{\mu}^* = (\mu_0, \mu_1, \cdots, \mu_{N-1})$ 如下：

$$\begin{cases} J_k(\pi) = \min_{u \in \mathcal{U}} \left\{ c'_u + \sum_{y \in \mathcal{Y}} J_{k+1}(T(\pi,y,u))\sigma(\pi,y,u) \right\} \\ \mu^*_k(\pi) = \arg\min_{u \in \mathcal{U}} \left\{ c'_u + \sum_{y \in \mathcal{Y}} J_{k+1}(T(\pi,y,u))\sigma(\pi,y,u) \right\} \end{cases} \tag{8.22}$$

8.4 机器更换的 POMDP 示例

为了说明上述的 POMDP 模型和递归过程，在这里考虑一个机器更换问题的示例. 机器更换问题是 MDP 的标志性问题. 在此首先考虑一个两状态空间 $\mathcal{X} = \{1,2\}$，其中 1 表示机器运行状态差，2 表示更换的新机器；行为空间 $\mathcal{U} = \{1,2\}$，行为 2 表示让机器继续运行，行为 1 表示将机器更换为新的，继续从状态 2 开始工作. 此时我们可以得到机器的转移概率矩阵：

$$\boldsymbol{P}(1) = \begin{bmatrix} 0 & 1 \\ 0 & 1 \end{bmatrix}, \qquad \boldsymbol{P}(2) = \begin{bmatrix} 1 & 0 \\ \theta & 1-\theta \end{bmatrix} \tag{8.23}$$

其中 $\theta \in [0,1]$ 表示机器的自然折旧率. 现在我们假设机器的状态 x_k 是无法直接观测的，只能通过它生产出来的产品品质状态 $y_k \in \mathcal{Y} = \{1,2\}$ 来推断. 用 p 来表示机器运行状态良好时的优品率，q 表示折旧后的机器生产产品的次品率，那么观测概率矩阵就可以写作：

$$\boldsymbol{B} = \begin{bmatrix} p & 1-p \\ 1-q & q \end{bmatrix} \tag{8.24}$$

当机器状态为 x 时采用继续运行行为，那么会产生运行成本 $c(x, u=2)$；而选择行为 1 即更换机器时，无论当前机器处于什么样的运行状态，即时成本均为 R，即 $c(x, u=1) = R$. 至此，本问题的目标变成了求解以下累计期望成本在有限阶段 N 内的最小值：

$$\mathbb{E}_\mu \left\{ \sum_{k=0}^{N-1} c(x_k, u_k | \pi_0) \right\} \tag{8.25}$$

该问题的贝尔曼方程易知，边界条件为 $J_N(\pi) = 0$，当 $k = N-1, \cdots, 1, 0$ 时：

$$J_k(\pi) = \min \left\{ c_1'\pi + J_{k+1}(e_1), \quad c_2'\pi + \sum_{y \in \{1,2\}} J_{k+1}(T(\pi, y, 2))\sigma(\pi, y, 2) \right\} \tag{8.26}$$

其中：

$$T(\pi, y, 2) = \frac{\boldsymbol{B}_y \boldsymbol{P}'(2)\pi}{\sigma(\pi, y, 2)}, \quad \sigma(\pi, y, 2) = \boldsymbol{1}' \boldsymbol{B}_y \boldsymbol{P}'(2)\pi, \quad y \in \{1, 2\} \tag{8.27}$$

$$\boldsymbol{B}_1 = \begin{bmatrix} p & 0 \\ 0 & 1-q \end{bmatrix}, \quad \boldsymbol{B}_2 = \begin{bmatrix} 1-p & 0 \\ 0 & q \end{bmatrix} \tag{8.28}$$

由于本问题中状态空间有两个状态，因此信念空间 $\Pi(X)$ 是一维单纯形，也就是区间 $[0,1]$. 因此 $J_k(\pi)$ 可以用 $\pi_2 \in [0,1]$ 来完全表示，因为 $\pi_1 = 1 - \pi_2$，不妨将之记为 $J_k(\pi_2)$. 然后就可以通过将 π_2 在区间 $[0,1]$ 上离散化，再在这有限的离散区间上运行贝尔曼方程，从而在数字形式上实现动态规划递归. 尽管这种方式有些天真，但应该认识到这样做可以进一步理解价值函数和最优策略. 读者会注意到，值函数 $J_k(\pi_2)$ 是分段线性，并且在 π_2 中是凹的. 下面我们介绍，对于有限阶段 POMDP，值函数始终是分段线性和凹形的，并且可以精确确定值函数和最佳策略 (因此不需要离散区间逼近).

定理 8.1 对于形如式(8.7)的 POMDP 过程，具有有限行为空间

$$\mathcal{U} = \{1, 2, \cdots, U\}$$

和有限观测状态空间

$$\mathcal{Y} = \{1, 2, \cdots, Y\}$$

那么在任意阶段 k 下，公式(8.22)所描述的值函数 $J_k(\pi)$ 的 Bellman 方程及与之对应的最优策略 $\mu_k^*(\pi)$ 都满足以下有限维特征：

1. $J_k(\pi)$ 在 $\pi \in \Pi(X)$ 是分段线性并且是凹性的，即：

$$J_k(\pi) = \min_{\gamma \in \Gamma_k} \gamma' \pi \tag{8.29}$$

其中 Γ_k 是阶段 k 下的一个 X 维向量的有限集合；边界条件为 $J_N(\pi) = c'_N \pi$，$\Gamma_N = \{c_N\}$，c_N 为终端边界成本向量。

2. 信念空间 $\Pi(X)$ 最多可以划分为 $|\Gamma_k|$ 个凸多面体，在每一个凸多面体 $\mathcal{R}_l = \{\pi: J_k(\pi) = \gamma'_l \pi\}$ 下，最优策略 $\mu_k^*(\pi)$ 都是与单个动作相关联的常数，也就是说对于信念状态 $\pi \in \mathcal{R}_l$，最优策略为：

$$\mu_k^*(\pi) = u(\arg\min_{\gamma_l \in \Gamma_k} \gamma'_l \pi) \tag{8.30}$$

式中右侧就是与凸多面体 $\mathcal{R}_l$ 相关的行为.

图 8.3 举例说明了在两状态马尔可夫链值函数 $J_k(\pi)$ 的分段线性凹结构. 此时信念状态 $\pi = \begin{bmatrix} 1 - \pi(2) \\ \pi(2) \end{bmatrix}$ 可以由标量 $\pi(2) \in [0, 1]$ 所决定，而且信念空间为一维单纯形 $\Pi(X) = [0, 1]$. 同时也可以看出上述定理中所描述的最优策略 $\mu_k^*(\pi)$ 的有限维结构. 在 $\gamma'_l \pi$ 的每个活跃的信念空间区域中，最优策略都与单个行为相耦合. 图中的实线表示 $J_k(\pi) = \min\{\gamma'_1 \pi, \gamma'_2 \pi, \gamma'_3 \pi, \gamma'_4 \pi\}$ 的可取范围，每一段实线下的区域均与一种确定的行为相对应. 另外要注意在图中所示的场景下，γ_5 是永远不会被激活的.

对该定理使用反向归纳法证明如下.

【证明】 首先对于 $k = N$ 时，显然有 $J_N(\pi) = c'_N \pi$ 与 π 是线性的，下面我们假设 $J_{k+1}(\pi)$ 在 π 上是分段线性且凹的，因此有：

$$J_{k+1}(\pi) = \min_{\overline{\gamma} \in \Gamma_{k+1}} \{\overline{\gamma}' \pi\} \tag{8.31}$$

将其代入公式(8.22)可得：

$$J_k(\pi) = \min_{u \in \mathcal{U}} \left\{ c'_u \pi + \sum_{y \in \mathcal{Y}} \min_{\overline{\gamma} \in \Gamma_{k+1}} \frac{\overline{\gamma}' B_y(u) P'(u) \pi}{\sigma(\pi, y, u)} \sigma(\pi, y, u) \right\}$$

$$= \min_{u \in \mathcal{U}} \left\{ \sum_{y \in \mathcal{Y}} \min_{\bar{\gamma} \in \Gamma_{k+1}} \left\{ \left[\frac{c_u}{Y} + P(u) B_y(u) \bar{\gamma} \right]' \pi \right\} \right\} \quad (8.32)$$

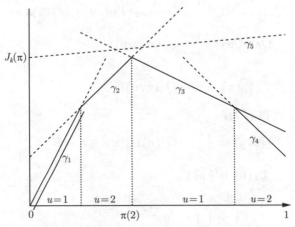

图 8.3 两状态马尔可夫链的 POMDP 过程值函数分段线性示意图

公式(8.32)右侧是分段线性凹函数之和,无论是求最小还是求和操作都不会改变分段线性及凹性,因此 $J_k(\pi)$ 也是分段线性且凹的:

$$J_k(\pi) = \min_{\gamma \in \Gamma_k} \gamma' \pi \quad (8.33)$$

其中:

$$\Gamma_k = \bigcup_{u \in \mathcal{U}} \bigoplus_{y \in \mathcal{Y}} \left\{ \frac{c_u}{Y} + P(u) B_y(u) \bar{\gamma} | \bar{\gamma} \in \Gamma_{k+1} \right\} \quad (8.34)$$

这里符号 $\bigoplus$ 称为叉和,向量集合 A 和 B 的叉和 $A \bigoplus B$ 表示这两个集合中所有成对的向量之和.

8.5 有限观测状态的有限阶段 POMDP 求解方法介绍

本节所有的方法研究均建立在定理 8.1 之上,该定理的下一步重点在于计算向量集合 Γ_k 来确定 $J_k(\pi)$ 的分段线段. 在新阶段下,程序迭代计算需要重复 $U|\Gamma_{k+1}|^Y$ 次,当然其中有许多就像图 8.3 中的 γ_5 一样永远也不会激活,但是指数增长的运算量为求解带来了很大的难度. 因此精确求解策略仅在低状态维数 X、低行为空间维数 U 和低观察空间维数 Y 条件下是可行的.

8.5.1 精确算法：逐步剪枝

在精确求解思路下，贝尔曼方程可以修改为以下形式：

$$Q_k(\pi, y, u) = \frac{c'_u \pi}{Y} + J_{k+1}(T(\pi, y, u))\sigma(\pi, y, u)$$

$$Q_k(\pi, u) = \sum_{y \in \mathcal{Y}} Q_k(\pi, u, y) \tag{8.35}$$

$$J_k(\pi) = \min_u Q_k(\pi, u)$$

而后向量集合 Γ_k 可以写为：

$$\Gamma_k(u, y) = \left\{ \frac{c_u}{Y} + P(u)B_y(u)\gamma \mid \gamma \in \Gamma^{(k+1)} \right\}$$

$$\Gamma_k(u) = \bigoplus_y \Gamma_k(u, y) \tag{8.36}$$

$$\Gamma_k = \bigcup_{u \in \mathcal{U}} \Gamma_k(u)$$

通常来说，上述集合 Γ_k 可能包含着许多值函数永远不会激活的无效向量，下面列出的算法试图通过修剪 Γ_k 来获得简约的向量集合，降低计算的复杂度。

逐步剪枝算法的步骤如下，描述了如何通过 Γ_{k+1} 来计算 Γ_k，相关的代码可以通过 Tony's pomdp-solve Page 下载：

1. 初始化 $\Gamma_k(u, y)$，$\Gamma_k(u)$，Γ_k 为空集；
2. 遍历所有的 $u \in \mathcal{U}$：
(1) 遍历所有的 $y \in \mathcal{Y}$：
i.

$$\Gamma_k(u, y) \leftarrow \text{prune}\left(\left\{ \frac{c_u}{Y} + P(u)B_y(u)\gamma \mid \gamma \in \Gamma^{(k+1)} \right\}\right) \tag{8.37}$$

ii.

$$\Gamma_k(u) \leftarrow \text{prune}\left(\Gamma_k(u) \oplus \Gamma_k(u, y)\right) \tag{8.38}$$

(2)

$$\Gamma_k \leftarrow \text{prune}(\Gamma_k \cup \Gamma_k(u)) \tag{8.39}$$

在给定集合 Γ 时，如何识别并发现不活跃的向量并将其剪枝呢？我们提出了以下线性规划方法来描述上文中的"prune"方法：

$$\min x$$

$$\text{s.t.:} \ (\gamma - \bar{\gamma})' \pi \geqslant x, \quad \forall \bar{\gamma} \in \Gamma - \{\gamma\} \tag{8.40}$$

$$\pi(i) \geqslant 0, i \in \mathcal{X}, \mathbf{1}' \pi = 1, \text{i.e.} \pi \in \Pi(X)$$

显然，如果上述规划结果产生了 $x \geqslant 0$ 的解，则说明该 γ 大于 Γ 中所有的其他向量，因此该向量处于不活跃状态，可以从 Γ 中去除. 在最差的情况下，所有的向量都可能被激活而无法修剪任何一个. 除此之外还有 Monahan 算法、Witness 算法也可以用于 POMDP 的逐步剪枝，在此不再赘述.

8.5.2 Lovejoy 次优算法

在简单的示例之外，上述给出的精确算法中 POMDP 的值函数与最优策略是非常难以求解的. 因此 Lovejoy 提出了一种巧妙的次优算法来计算 POMDP 值函数的上下界，如图 8.4所示. 我们用 $\bar{J}_k$ 与 $\underline{J}_k$ 分别表示 J_k 的上、下边界，显然：

$$\bar{J}_k(\pi) = \min_{\gamma_l \in \bar{\Gamma}_k} \gamma_l' \pi \geqslant \min_{\gamma_l \in \Gamma_k} \gamma_l' \pi = J_k(\pi), \forall \bar{\Gamma}_k \subset \Gamma_k \tag{8.41}$$

在图中，J_k 被线段集合 $\Gamma_k = \{\gamma_1, \gamma_2, \gamma_3, \gamma_4\}$ 所描述，上边界为 $\bar{\Gamma}_k = \{\gamma_2, \gamma_3\}$ 同时线段 γ_1 和 γ_4 被丢弃，这一上边界在图中用虚线段来表示.

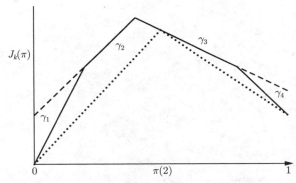

图 8.4 两状态马尔可夫链的 POMDP 过程 Lovejoy 上下边界示意图

Lovejoy 算法步骤如下：

1. 初始化 $\bar{\Gamma}_k = \Gamma_k = \{c_N\}$，这里的 c_N 为终端边界成本向量；
2. 在给定的 Γ_k 集合上构建 $\bar{\Gamma}_k$：在信念空间 $\Pi(X)$ 中选取 R 个信念状态 $\pi_1, \pi_2, \cdots, \pi_R$，然后计算：

$$\bar{\Gamma}_k = \{\arg\min_{\gamma \in \Gamma_k} \gamma' \pi_r, \quad r = 1, 2, \cdots, R\} \tag{8.42}$$

3. 给定 $\bar{\Gamma}_k$ 后，利用标准的 POMDP 算法来计算 Γ_{k-1}；
4. 将 k 设置为 $k-1$，重复步骤 2，当计算到终点时，算法结束.

请注意，$\bar{J}_k(\pi) = \min_{\gamma \in \bar{\Gamma}_k} \gamma' \pi$ 由 R 段分段线段构成，Lovejoy 算法提供了一种次优策略，以在每个迭代阶段 k 时不超过 R 次计算的方法得出值函数. 此外，

Lovejoy 算法还提供了一个计算下限的方法，在选择了 R 个信念状态后，对凹函数进行 $(\pi_i, J_k(\pi_i)), i = 1, 2, \cdots, R$ 之间的线性差值得到图中点虚线所代表的 $\underline{J}_k$，由于 J_k 函数的凹性，显然有：

$$\underline{J}_k(\pi) \leqslant J_k(\pi), \qquad \forall \pi \in \Pi(X) \tag{8.43}$$

此外，还有基于点的数值迭代算法 (Point-based Numerical Value Iteration methods)、信念空间压缩算法 (Belief Compression POMDPs)、开放循环反馈控制算法 (Open Loop Feedback Control Algorithm) 等都对 POMDP 问题进行了简化求解，感兴趣的读者可以进一步查阅相关资料.

第9章 应用案例介绍

本章介绍一些马尔可夫决策过程的应用案例,并将以往学生的优秀课程设计成果一并进行展示.

9.1 灾难中的人员疏散问题

2011 年 3 月 11 日,日本东北部太平洋海域发生里氏 9.0 级大地震并引发了巨大的海啸,海啸对日本东北部诸县造成了毁灭性破坏,引发了福岛第一核电站核泄漏. 在日本大地震及其导致的海啸和福岛核事故的威胁下,大量的居民进入紧急疏散状态. 在事故中,通过民众的手机等定位设备,获取了居民在疏散过程中的位置变化信息. 在此通过对居民的位置信息数据进行分析,来增强对大规模人群疏散行为的理解,并建立相应的模型来描述人群的疏散行为,为面对大型灾害时的人群疏散管控方案提供支撑.

该研究的对象为日本全国约 160 万人一整年的移动 GPS 轨迹数据,研究的目的在于建立起能够描述灾害下人群移动特征的方法,并将该方法用于人群的轨迹预测[①]. 以下对求解思路进行介绍.

(1) 对行人轨迹的空间分布进行描述

对于一个具体的行人,在历史的某一时刻的位置是由经纬度、时间共同确定的. 用 X_k 来描述行人 k 在一段给定的周期 T_{period} 内的位置:

$$X_k(t, T_{period}) = \{\boldsymbol{p}_k(t, d), d \in T_{period}\}$$

其中, $\boldsymbol{p}_k(t, d)$ 表示行人 k 在周期 T_{period} 内的 d 天 t 时刻的经纬度坐标.

那么对于这一段周期内,行人的轨迹可以用 $L_k(t, T_{period})$ 分布来描述:

$$L_k(t, T_{period}) = \{\psi(n; \sigma(\boldsymbol{p}_k(t, d))), d \in T_{period}\}_{n=1,2,\cdots,\kappa}$$

[①] Song X, Zhang Q, Sekimoto Y, et al. Modeling and probabilistic reasoning of population evacuation during large-scale disaster[C]//Proceedings of the 19th ACM SIGKDD international conference on Knowledge discovery and data mining. 2013: 1231-1239.

其中，$\sigma(\boldsymbol{p}_k(t,d))$ 表示对原本的连续空间位置进行区间化的方法，区间的数量用 κ 表示，$\psi(n;\sigma(\boldsymbol{p}_k(t,d))$ 表示在这一给定的周期内，行人 k 在时间 t 出现在区间化后的第 n 个区间内的概率.

用这样的方法可以对行人的位置特征进行分析，例如长期概率较高的区间可能是该个体的居住地或是工作地等. 为了描述行人空间特征的变化，这里引入了 Jaccard 相关系数进行描述：

$$\alpha_k(T_{period}^{before}, T_{period}^{after}) = \frac{1}{|T_{time}|} \sum_{T_{time}} \frac{\sum_{n=1}^{\kappa} \min\{\psi(n, T_{period}^{before}), \psi(n, T_{period}^{after})\}}{\sum_{n=1}^{\kappa} \max\{\psi(n, T_{period}^{before}), \psi(n, T_{period}^{after})\}}$$

易知，行人 k 在两个周期内的行为轨迹越相似，则相关系数 α 越大；差异性越大，则相关系数 α 越接近 0. 适当地定义 α 的阈值，可以按照给出的对"疏散行为"的定义从 160 万人的轨迹中筛选出符合要求的数据.

(2) 构建疏散图

将疏散数据集所覆盖的空间位置进行分割，得到一个个相连的元胞. 根据已有疏散数据集的轨迹数据，若是存在两个元胞直通的轨迹，则认为这两个元胞是相连的，存在一条连接这两个元胞的通道. 于是将原本的连续时空关系在这里进行了分割，得到了离散的元胞以及连接元胞的通路.

此时行人 k 的疏散轨迹可以用 E_k 来描述：

$$\boldsymbol{E}_k = \{\boldsymbol{p}_k^b, \boldsymbol{p}_k^1 \cdot \boldsymbol{p}_k^2, \cdots, \boldsymbol{p}_k^n, \boldsymbol{p}_k^a\}$$

其中，$\boldsymbol{p}_k^b$ 和 $\boldsymbol{p}_k^a$ 分别表示该个体在灾害发生前 (before) 和发生后 (after) 出现概率最高的位置；$\{\boldsymbol{p}_k^1 \cdot \boldsymbol{p}_k^2, \cdots, \boldsymbol{p}_k^n,\}$ 表示在灾害过程中所观测到的行人位置.

图 9.1 表示了某个行人的疏散轨迹，可见此时将行人的疏散过程转化成了我们熟悉的路径选择问题，但是此时的目标并不是找到最短路径，而是要在已有的真实行人决策中，找到决策的规律，进而来预测行人在面对大型灾难时的疏散选择. 此时行人的决策判断并非是以最短路径作为标准的，因此本研究的目的也就可以转化为，在已知一定的行人疏散轨迹的情况下，求出支持行人选择该路径的代价函数. 即在什么样的代价函数下，行人当前的轨迹达到了最优. 在这里我们默认了行人在疏散过程中有一个隐形的代价函数，并且在这个代价函数的指引下选择了最终的疏散方式. 在机器学习中，这一类问题被称为逆强化学习问题.

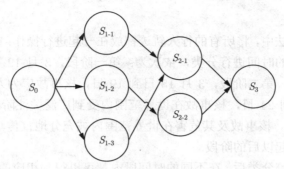

图 9.1　行人疏散轨迹示例

(3) 对行人疏散进行建模

行人在疏散过程中的路径选择是一个典型的 MDP 问题. 在这里，行人的轨迹图就给我们定义了一个确定性的马尔可夫决策过程，行人的空间位置节点即为当前 MDP 问题的状态 S，路径即为可用行为 a，一系列的行为最终构成了行人的决策 $\pi = \{a_1, a_2, \cdots, a_n\}$，亦即为行人的疏散路径 ζ. 为了方便计算，我们给每一个路径 (行为 a) 都定义了一个特征值 $\boldsymbol{f}_a$，轨迹的特征值记为 $\boldsymbol{f}_\zeta = \sum_{a \in \zeta} \boldsymbol{f}_a$. 定义每个路径都有一个代价权重 $\boldsymbol{\phi} = \{\phi_{a_1}, \phi_{a_2}, \cdots, \phi_{a_n}\}$，则可以得到每条疏散轨迹的代价函数为：

$$g(\zeta|\boldsymbol{\phi}) = \sum_{a \in \zeta} \boldsymbol{\phi}^T \boldsymbol{f}_a = \boldsymbol{\phi}^T \boldsymbol{f}_\zeta$$

我们最终要求得的就是这里的代价权重分布 $\boldsymbol{\phi}$(特征值是可以指定的).

在最大熵准则下，疏散轨迹的选择概率分布为：

$$P(\zeta|\boldsymbol{\phi}) = \frac{e^{-g(\zeta|\boldsymbol{\phi})}}{\sum_{\zeta' \subseteq path} e^{-g(\zeta'|\boldsymbol{\phi})}}$$

则最优的权重分布为：

$$\boldsymbol{\phi}^* = \arg\max_{\boldsymbol{\phi}} L(\boldsymbol{\phi}) = \arg\max_{\boldsymbol{\phi}} \sum_{examples} \log P(\zeta_i|\boldsymbol{\phi}) \tag{9.1}$$

其中，$\sum_i P(\zeta_i|\boldsymbol{\phi}) = 1$.

利用当前已有的疏散轨迹数据可以对上述问题进行机器学习训练，得到最优的代价函数 $\boldsymbol{\phi}$. 进而，在新的轨迹推断模型中，将利用已知行人轨迹求解出来的 $\boldsymbol{\phi}$ 作为新问题下的代价函数，即可以求解新的优化问题，得到大型灾害下大规模行人的疏散轨迹预测结果.

(4) 模型验证

上述训练方法中,将所有的行人轨迹都放在一起进行操作. 在这里,将行人疏散轨迹根据发生的时间进行分类,依次为:第一阶段,3月12日到14日,核事故早期宣传阶段;第二阶段,3月15日到19日,核事故广为人知阶段;第三阶段,3月20日到24日,核事故在世界范围内受到广泛关注阶段;第四阶段,3月25日到31日,核事故及其危害在世界范围内被充分地宣传与理解阶段;第五阶段,4月1日起以后的阶段.

将行人的轨迹分类后,在不同的时间段内都可以得到相应的 ϕ 并用于对应阶段的计算. 模型预测结果与实际数据集的比较结果如表 9.1 所示,可见该算法对于行人轨迹预测的有效性.

表 9.1 模型预测结果准确率表

地区	准确率/%	五阶段准确率/%
Minamisoma	72.37	85.38
Futaba	73.62	88.36
Iwaki	68.72	83.29
Koriyama	63.38	81.35
Ishinomaki	78.75	84.67
Onagawa	81.72	86.37
Kesennuma	76.73	82.38
Wakabayashi Ward	63.77	77.35
Miyako	77.52	82.38
Kamashi	68.74	75.38
Hanamaki	73.78	81.59

详细的求解过程在这里不做介绍,感兴趣的同学还可以查询强化学习、逆强化学习的案例. 马尔可夫决策过程是这些机器学习算法的理论基础.

9.2 基于马尔可夫过程和 SEIR 模型的传染病预测

2020 年伊始,突如其来的新冠疫情席卷全国,不仅打乱了人民的正常生活和新年计划,还对我国的公共卫生安全带来了严峻的挑战. 作为疫情的暴发地,武汉一直被称为九省通衢之地,其交通十分发达、便利,与外界的联系非常紧密. 再加上疫情暴发初期刚好赶上春运,因此在很短的时间内病毒便席卷全国各地. 给全国人民的生命财产安全带来了严重的威胁. 与当年的 SARS 病毒相比,新冠病毒的传播途径和传染性比 SARS 强很多,而且处于潜伏期的无症状患者也具有传染性,因此对病毒的检测和防控要比 SARS 难得多. 我们小组在上述背景下,结合所学的马尔可夫决策过程和 SEIR 模型, 对新冠病毒的传播进行了预测, 并主要考虑各个城市之间的交通往来以及政府和人民的强制防控对疫情阻击的影响, 并与国外部分国家对疫情的防控政策和感染人数作简要对比. 最后总结分析我们模型的特点和不足.

9.2.1 模型分析

根据 SEIR 模型, 总人数被分为 4 类, 分别是易感者人口 S, 潜伏期患者人口 E, 确诊患者人口 I, 康复者人口 R. 基本微分方程为:

$$\frac{\mathrm{d}S}{\mathrm{d}t} = -\beta SI$$

$$\frac{\mathrm{d}E}{\mathrm{d}t} = \beta SI - \omega E$$

$$\frac{\mathrm{d}I}{\mathrm{d}t} = \omega E - \gamma I$$

$$\frac{\mathrm{d}R}{\mathrm{d}t} = \gamma I$$

式中 β 为传染率, ω 为潜伏期患者发展为确诊患者的概率, γ 为患者康复的概率.

对此模型我们做了一定假设: a. 已经确诊的患者马上隔离或住院治疗, 不会再传染健康人群; b. 即传染只存在于潜伏期患者和易感人群中; c. 考虑死亡和痊愈后不会再被感染. 因此对上述微分方程作修改如下:

$$\frac{\mathrm{d}S}{\mathrm{d}t} = -\beta SE$$

$$\frac{\mathrm{d}E}{\mathrm{d}t} = \beta SE - \omega E$$

$$\frac{\mathrm{d}I}{\mathrm{d}t} = \omega E - (\alpha + \gamma)I$$

$$\frac{\mathrm{d}R}{\mathrm{d}t} = \gamma I$$

$$\frac{\mathrm{d}D}{\mathrm{d}t} = \alpha I$$

其中, D 为死亡者, α 为死亡率.

现具体考虑每个城市, 如图 9.2 所示, 假设某城市有总人口 N 人, 则 $N = S + E + I + R$. 对于一个城市来说, 每天都有一定的人员流动, 不考虑节假日等特殊时期, 每天离开城市和流入城市的人数近似常数, 总人口数应该处于动态平衡当中. 假设某市每天有 N_A 人流入，N_B 人流出，以时间 t(单位：天) 为阶段，则 $N(t+1) = N(t) + N_A(t) - N_B(t)$.

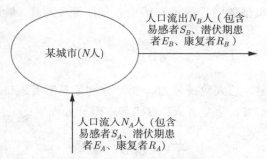

图 9.2　单个城市的人员流动示意图

现考虑多个城市之间的人员往来，如图 9.3 所示，图中 k_{xy} 表示每天有 k_{xy} 人从 X 市流入 Y 市. 各个城市之间的人员流动同样处于一个动态平衡当中，我们的最终目的是了解城市之间的人员往来会对疫情的传播造成多大的影响.

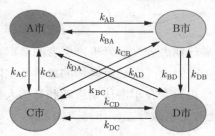

图 9.3　多个城市之间的人员流动示意图

因为 SEIR 模型描述的是传染病在自然状态下的发展情况，这个过程中不考虑自然出生率和死亡率、疫苗接种、医疗资源紧张、政府采取强制隔离 (例如封城、取消聚集活动等) 措施等. 因此我们小组基于该模型分别模拟了自然状态下、半封城、封城完全隔离防护 3 种模式下的病毒传播情况.

9.2.2　数据来源及参数

对于上述 4 个城市的人口数据，我们小组基于上海、南京、杭州、合肥 4 个城市的相关数据做了预测，见表 9.2.

表 9.2　4 个城市的人口数量

城市	上海	南京	杭州	合肥
常住人口数/万人	2418.3	880.7	1204.3	900.8
常住人口流动数/万人	972.7	200	450.4	158

对 SEIR 模型中的 4 个参数：当天传染率 β，当天潜伏期患者转变为确诊患者的概率 ω，当天治愈率 γ，当天致死率 α. 根据国家卫生健康委员会发布的数据来看，患者从感染病毒到确诊大概 5 天时间. 我们对病毒在自然状态下的传播系数分别取了 $\beta = 0.2, \omega = 0.2, \gamma = 0.02, \alpha = 0.002$. 我们分别模拟了 3 种情况，即自然状态下、半封城措施和完全封城，在半封锁状态下，潜伏期患者接触到的人员数量将减小，我们假设此时 $\beta = 0.1, \omega = 0.1$，但治愈率和致死率几乎保持不变. 对完全封城的情况，即所有居民都居家隔离，此时潜伏期患者接触易感人员的概率将大大减小，β 几乎为 0，但并不等于 0. 治愈率和致死率近似保持不变，但在后期治愈率会增大，致死率变小.

通过上述模型和数据，我们利用 MATLAB 编写程序进行了模型建立，首先模拟 A、B、C、D 4 个城市之间存在公共交通运输的人员流动下的预测，再对单个城市分别考虑自然状态下、半封城状态下、完全封城状态下的病毒传播进行预测，结果如下.

(1) 4 个城市之间疫情传播预测 (假设每个城市有 100000 人) 见图 9.4 和图 9.5.

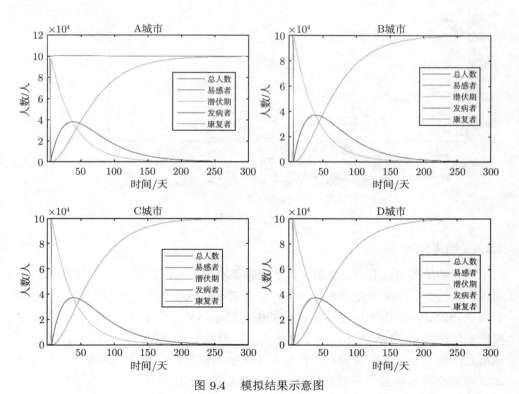

图 9.4　模拟结果示意图

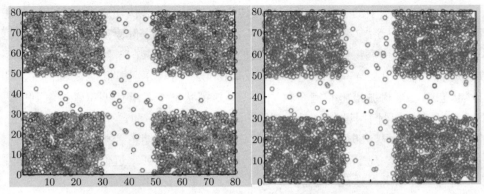

图 9.5　MATLAB 模拟 4 个城市之间人员流动示意图

(2) 单个城市在不同防控措施下的疫情传播预测见图 9.6~图 9.8。

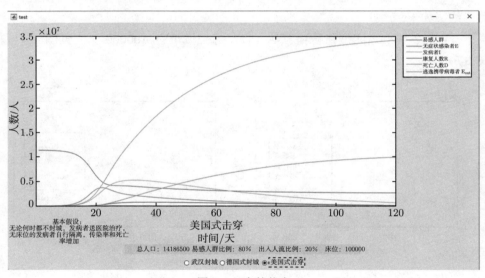

图 9.6　自然状态

9.2.3　结果分析

从预测结果可以看出，如果在自然状态下不加干预，A、B、C、D 4 个城市之间各种人群数量的变化趋势基本一样，符合正常的曲线变化趋势。在将近 50 天患者数量开始减少，在 100 天左右潜伏期患者基本消失，病毒在人群中的传播基本被控制住，只剩下确诊病例。到 200 天左右，社会恢复正常，疫情完全被控制住。城市之间的人员往来给疫情的防控带来了不小的挑战，因此在初期做好有效的隔离对抑制疫情的传播有明显的帮助。但这是完全理想化的模型，疫情的传播实际上远比这个模型得到的结果复杂得多. 在各个城市之间, 我们还要考虑城市内部的人员流动情况, 以及新冠病毒通过物品而造成的间接感染, 比如目前我们都知道病毒会通过冷链物品传播等. 所以如果真正在自然状态下不加干预, 只是隔离确诊病人, 很难像模型的结果那样在 100 天左右控制住病情.

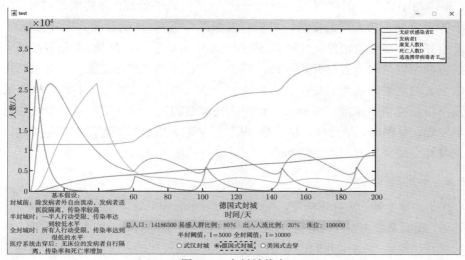

图 9.7 半封城状态

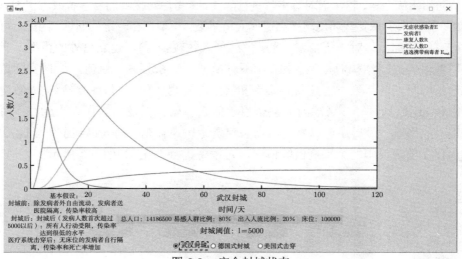

图 9.8 完全封城状态

对单个城市在不同防控措施下的预测数据进行对比, 如图 9.6 所示, 显然在自然状态下如果医疗资源等有限、居民不保持社交距离, 会出现大量的患者, 当超过当地医院所能承受的极限之后，必然会造成系统的崩溃，导致传染率和致死率增加，造成巨大的损失，出现无法挽回的局面. 在半封锁状态下如图 9.7 所示，这样做可以减轻医疗系统的压力，让病人都得到治疗，但是也会有其他的损失，比如社会经济很难恢复到正常水平，而且还会造成一种长期现象，即疫情会反复反弹，根本得不到有效的控制. 最后对类似当时武汉市的处理，即初期就封城，切断感染的患者与正常人群的接触，对所有人都进行隔离. 这明显能大幅降低感染率，能够更好地、更有效地控制住疫情. 从图 9.8 中可以看出，在 20 天左右疫情就朝好的方向发展，确诊数量开始降低；两个月左右就能控制住疫情，这样虽然短期面临巨大的困难，耗费大量的人力、物力，但只要众志成城、本着科学严谨的态度及早阻断疫情的传播，才能真正地把人民群众的生命安全放在第一位，并且实现早发现、早隔离、早诊断、早治疗. 从长远来看，用最短的时间控制住疫情，快速恢复社会经济和人民的生活状态，这是最好的防控方式.

9.2.4 不足与改进

由于本模型基于大样本假定，当感染人数较少时模拟效果较差，而且假设条件过于理想，模型系数大多取绝对值，并没有考虑模型系数随着时间的推移而改变，和真实情况存在差异. 另外，我们也未考虑封城决策可能引起的人口流动脉冲，流动不平衡，和人口短时间内高度聚集引起的模型系数变化，认为人口变化连续无突变. 就传染病防治措施而言，仅考虑对感染者进行隔离，未考虑对接触的易感者或潜伏者进行隔离，还有未考虑某些环境同样会造成人员感染，模型存在一定片面性. 因此，可以在已有的基础上，对于疫情发生初期 (感染人数较少时)，建立另外的模型，考虑人口数量、人口结构对模型的影响. 不对模型中的系数进行赋值，根据实际数据确定不同时期的系数，考虑将感染率和接触率，也转化为随时间或感染人数变化的函数. 还包括进一步考虑封城决策引起的人口聚集以及出城人口"脉冲"对模型造成的影响，最后还可以考虑后期医疗资源快速补充、病人得到了科学的治疗，但也存在出现反阳的个别病例等情况，对模型进行补充. 如图 9.9 所示.

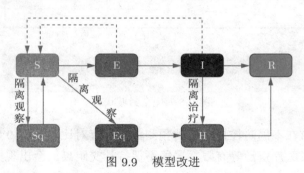

图 9.9 模型改进

9.3 贫困县精准扶贫资源分配优化

2015年10月16日,习近平在2015年减贫与发展高层论坛上强调,中国扶贫攻坚工作实施精准扶贫方略,增加扶贫投入,出台优惠政策措施,坚持中国制度优势,注重六个精准,坚持分类施策,因人因地施策,因贫困原因施策,因贫困类型施策,通过扶持生产和就业发展一批,通过易地搬迁安置一批,通过生态保护脱贫一批,通过教育扶贫脱贫一批,通过低保政策兜底一批,广泛动员全社会力量参与扶贫. 目前,精准扶贫取得了显著成效,仅2015年我国农村贫困人口就从2014年的7017万人减少到5575万人,减少1442万人,贫困人口比2014年多减少210万人,贫困发生率从2014年的7.2%下降到5.7%.

9.3.1 精准扶贫解析

精准扶贫最基本的定义是扶贫政策和措施要针对真正的贫困家庭和人口,通过对贫困人口有针对性的帮扶,从根本上消除导致贫困的各种因素和障碍,达到可持续脱贫的目标. 精准扶贫的主要内容包括:贫困户的精准识别和精准帮扶,扶贫对象的动态管理和扶贫效果的精准考核. 精准识别是通过一定的方式将低于贫困线的家庭和人口识别出来,同时找准导致这些家庭或人口贫困的关键性因素,它是精准扶贫的基础. 精准帮扶是在精准识别的基础上,针对贫困家庭的致贫原因,因户和因人制宜地采取有针对性的扶贫措施,消除致贫的关键因素和脱贫的关键障碍. 动态管理首先是对所有识别出来的贫困户建档立卡,为扶贫工作提供包括贫困家庭基本状况、致贫原因和帮扶措施等方面的详细信息,为精准扶贫提供信息基础. 然后根据贫困状况的实际变化,及时识别出新的贫困家庭和人口,同时将已经脱贫的家庭和人口调整出去,保持精准扶贫的有效性. 精准考核是对精准扶贫的效果进行考核,主要针对地方政府. 新阶段的农村扶贫工作有明确的分工,中央政府负责区域发展和片区开发,地方政府负责精准扶贫工作. 精准考核的目的是督促贫困地区的地方政府将精准扶贫作为工作的重点.

著名经济学家速水佑次郎提出了社会发展模型:社会系统由经济子系统和"文化-制度"子系统构成,经济子系统由资源(生产要素)和技术(生产函数)之间的相互作用构成,"文化-制度"子系统由文化(价值系统)和制度(规则)的相互作用构成,这四者在促进社会变迁与发展的过程中是两两相互作用、相互依存、相互促进又可能相互制约的辩证关系. 而在精准扶贫到精准脱贫的理论分析框架中,扶贫资源的供给是精准扶贫的物质前提,创新技术的发明和采用是精准扶贫的技术支撑,科学合理的制度供给与安排是精准扶贫的制度保障,贫困社区本土文化的破立再造和现代文化的引进融合是精准扶贫最终得以实现的文化根基.

9.3.2 模型假设

鉴于精准扶贫涉及资源、技术、制度和文化的贫困治理和整体性社会发展与改革行动，需要从社会发展整体思路出发构建其理论分析框架. 因此，为了高效、精准扶贫，使我国的农村扶贫工作取得进一步的进展，我们不仅需要关注资金总量，更要关注资金的投向和扶贫效果，以及贫困地区和贫困人口对扶贫资金投向的实际需要. 并据此适当调整扶贫资金在部门间的投向，以获得更好的扶贫效果. 为实现上述目标，突出贫困地区及贫困人口对扶贫资金投向的实际需要和扶贫效果等主要问题，先做出如下简化参数与假设：

(1) 以一个县为单位进行精准扶贫的研究，将县按照镇为单位划分，本文假设同一个县的下属各镇之间相互影响，而不同县之间的经济相关性为 0，且每一年全县获得的财政拨款数目不变，均为 I(万元).

(2) 使用两个参数简化描述一个贫困镇的经济特征：该镇的经济发展程度参数 E，综合描述该镇的人均 GDP、物价指数等因素；该镇的贫困人口数目 x，记录该镇低于贫困线的人口数目.

(3) 使用两个简化机制来描述一个贫困镇的发展状况：该镇与临镇之间的相互影响，利用一个小于等于 1 的加权参数 R_{ij} 描述第 i 个和第 j 个镇之间的相互关系. 该镇每年获得的财政拨款帮助的影响.

(4) 扶贫资金的投向分为三类：

a. 基本生活补助，仅能保证贫困人口的基本生活水平，无法再次创造财富，参数为 bsp，为保证购买力相等，其值决定于该镇的经济发展程度 E.

b. 技术扶贫补助，包括技术扶贫固定成本 c_T(用于建设基本设施，如工厂等，无法直接创造财富，为保证建设效果，其值决定于该镇的经济发展程度 E)；技术扶贫人力成本 p_w(用于支付给下乡扶贫的技术人员的补贴，本文认为每一位技术人员的补贴是相同的)；技术扶贫可变成本 c_v(用于给每位贫困人口发展，如购买家畜、参加技能培训等，为保证购买力，可变成本与该镇的经济发展程度 E 相关，同时，本文认为在同一个镇中每一位贫困人口获得的技术扶贫资金相同).

c. 贫困专项基金 C_{AD}(扶贫基金在上述两类投向之后的结余部分，用于补偿由于镇的经济发展程度以及地域条件造成的扶贫效果不均衡，即解决公平的问题).

(5) 对于一个县下的多个镇，本文假设人口均匀分布，即各镇总人口相等.

9.3.3 模型构建

以一个县为单位进行精准扶贫的研究. 假设一个县下属 k 个镇，每个镇有相同的人口数 M(人). 则：

每人每年的基本生活补助：$bsp_i = 1400 + 100E_i, 0.8 \leqslant E_i \leqslant 1.6$

每个乡镇的基本生活补助：$bst_i = bsp_i \times x_i$

全县基本生活补助：$I_{bs} = \sum_i bst_i$

一个乡镇的技术扶贫固定成本：$C_{T_i} = \max\{1000000 \times (2.4 - E_i), 0\}$

一个乡镇的技术扶贫总可变成本：$S_i = c_v \times E_i \times x_i$

一个乡镇的技术扶贫工作人员数目：$w_i = x_i/50, \quad x_i > 0$

(这里假定，一个工作人员匹配 50 个贫困个体.)

一个乡镇的技术扶贫总成本：$C_{TT_i} = w_i \times p_w + C_{T_i} + S_i$

整个县用于基本生活补助和技术扶贫的扶贫资金投入：$I_{TS} = \sum_i C_{TT_i}$

(要求：$I_{TS} + I_{TS} \leqslant I$.)

以上均要求同一个县下不同镇的贫困人口的购买力相同. 但是对处于不同贫困程度、不同地域的贫困县，需要不同程度的扶贫资金投入，以保证补偿其地缘性的差异造成的不公平，例如，有的镇可以通过与外界的贸易快速发展，有的镇则不行. 为了让处于地缘劣势地位的贫困县获得更多的财政补贴，引入贫困权重，用 W_D 表示.

各镇贫困权重：

$$W_{D_i} = \frac{1}{E_i} + \left(\sum \frac{1}{E_I} \times R_{i,j}\right) \times \frac{1}{10} \bigg/ J$$

全县扶贫专项基金总额：

$$I_{AD} = I - I_{T_S} - I_{bs}$$

各镇扶贫专项基金：

$$C_{AD_i} = I_{AD} \times \frac{W_{D_i}}{\sum W_{D_i}}$$

以上各式中，参数下标 i 代表该县下属的第 i 个镇，其中的常数参数为根据文献和其他相关的资料估算出的参数. 由此可见，在精准扶贫政策支持下，各镇贫困人口数目将逐年下降，且经济发展程度逐年上升. 同时，为了精确贴合实际状况，我们引入经济自然增长率 r，描述在无外界干预下，各镇在原有经济状况基础上的经济自然增长. 记 $r = 0.05$.

在以上三项扶贫资金投向中 (I_{bs}、I_{TS}、I_{AD})，技术扶贫资金 I_{TS} 对于贫困人口的财富再创造帮助最大，是帮助贫困人口脱贫的主动力. 为了能够在最短时间内最大限度帮助贫困镇脱贫，减少贫困人口数目，帮助贫困镇经济发展，我们需要在原有的模型上，寻找最优的技术扶贫可变成本 c_v，使得在每一年间全县贫困人口数目综合最少.

$$x^{(n)} = \begin{cases} 0, & x^{(n-1)} = 0 \\ \left\{ x^{(n-1)} - f\left(c_v^{(n-1)}, x^{(n-1)}, c_T^{(n-1)}, C_{AD}^{(n-1)}\right), 0 \right\}_{\max}, & x^{(n-1)} > 0 \end{cases}$$

(这里认为，贫困人口为 0 时即为脱贫).

$$E^{(n)} = E^{(n-1)}(1+r) + \begin{cases} 0, & x^{(n-1)} = 0 \\ g\left(c_v^{(n-1)}, x^{(n-1)}, c_T^{(n-1)}, C_{AD}^{(n-1)}\right), & x^{(n-1)} > 0 \end{cases}$$

(可见经济的增长由自然增长和脱贫投入的效应共同造成.)

其中，函数 f 为扶贫资金投向对贫困人口数目的影响函数.

$$f\left(c_v^{(n-1)}, x^{(n-1)}, c_T^{(n-1)}, C_{AD}^{(n-1)}\right)$$
$$= \left[10 \times \left(C_{AD}^{(n-1)} + c_v^{(n-1)} \times x^{(n-1)}\right) + 2 \times c_T^{(n-1)}\right]/50000$$

函数 g 为扶贫资金投向对该镇经济发展程度的影响，假设其影响趋势与对贫困人口数目的影响趋势一致，仅单位之间有差别.

$$g\left(c_v^{(n-1)}, x^{(n-1)}, c_T^{(n-1)}, C_{AD}^{(n-1)}\right)$$
$$= f\left(c_v^{(n-1)}, x^{(n-1)}, c_T^{(n-1)}, C_{AD}^{(n-1)}\right) \times 1.8 \times 10^{-4}$$

根据以上模型，即可利用迭代方法计算使得全县贫困人口最少的技术扶贫可变成本 c_v，并获得在最优策略下全县各镇每年贫困人口数目及经济发展程度的变化趋势，以此衡量该策略下精准扶贫政策的成效.

9.3.4 算例验证

在模型基础上，对小规模城镇的扶贫策略进行模拟验证. 假设全县下属 10 个镇，其中每个镇的总人口为 50000 人，全县每年投入扶贫资金总额 20000 万元. 在扶贫基金投入前，该县各镇的经济发展程度和人口数量以及各镇间地缘影响因子如图 9.10 所示.

所得结果见表 9.3～表 9.7.

第 9 章 应用案例介绍

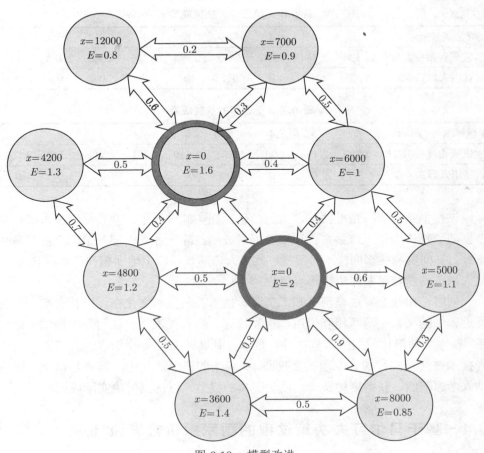

图 9.10 模型改进

表 9.3 每年的人均技术扶贫资本

	第一年	第二年	第三年	第四年
c_v 人均技术扶贫资本/元	947.5	100	100	100

表 9.4 第一年的扶贫成果

城镇编号	1	2	3	4	5	6	7	8	9	10
E(发展程度)	1.261	1.194	1.516	1.68	1.264	1.432	2.1	1.335	1.6	1.177
x(贫困人口)	9662	5613	3360	0	4807	3842	0	4001	2878	6422

表 9.5 第二年的扶贫成果

城镇编号	1	2	3	4	5	6	7	8	9	10
E(发展程度)	1.65	1.581	1.852	1.764	1.637	1.779	2.205	1.694	1.926	1.572
x(贫困人口)	7848	3798	1915	0	3087	2317	0	2378	1513	4550

表 9.6　第三年的扶贫成果

城镇编号	1	2	3	4	5	6	7	8	9	10
E(发展程度)	2.203	2.133	2.354	1.852	2.178	2.293	2.316	2.22	2.413	2.134
x(贫困人口)	5235	1173	0	0	542	0	0	0	0	1864

表 9.7　第四年的扶贫成果

城镇编号	1	2	3	4	5	6	7	8	9	10
E(发展程度)	3.776	3.723	2.484	1.945	3.754	2.419	2.431	2.343	2.547	3.751
x(贫困人口)	0	0	0	0	0	0	0	0	0	0

该模型是对实际精准扶贫政策的简化, 在实施过程中, 全县每年投入扶贫资金会随着物价水平、该县贫困程度等因素波动; 除了各县内部各镇的经济贸易往来外, 县间贸易往来同样不可忽视; 各镇人口随该镇的土地面积和产业结构更改, 且人口流动在城镇发展中也不容忽视.

同时, 由社会发展模型可知, 资源、技术、制度和文化在促进社会变迁与发展过程中的关系是两两相互作用、相互依存、相互促进又可能相互制约的辩证关系. 在本文的简化模型中, 将资源、技术、制度和文化 4 个因素综合考量, 简化为技术扶贫投向和扶贫专项基金投向. 在未来的模型优化中, 需要将以上各因素纳入考虑范围, 获得更加精准、贴切现实的模型, 以达到解决实际问题的目的.

9.4　基于马尔可夫决策过程的国家撤侨方案设计

据外交部数据显示, 我国公民出境人数自 2000 年突破 1000 万人次后 (不包括港澳台居民出国人数), 一直以年均 18.5% 的高速递增, 至 2010 年已达 5739 万人次, 较上一年增长 20.4%. 随着我国海外利益的拓展, 近年来撤侨行动频繁, 且可能逐步演化成为应急的常态任务. 据统计, 2006 年以前, 我国鲜有大规模撤侨行动, 而 2006 年至 2011 年 5 年间, 撤侨行动骤然增加, 先后组织实施撤侨行动 10 次之多, 撤离侨民数量高达 4 万多人次. 2006 年 4 月, 所罗门发生骚乱, 撤侨 310 名; 2006 年 4 月, 东帝汶发生骚乱, 撤侨 243 名; 2006 年 7 月, 黎以爆发冲突, 黎巴嫩撤侨 167 名; 2006 年 11 月, 汤加发生骚乱, 撤侨 193 名; 2008 年 1 月, 乍得发生战乱, 撤侨 411 名; 2008 年 11 月, 泰国局势混乱, 撤侨 3346 名; 2009 年 1 月, 海地发生强震, 撤侨 48 名; 2010 年 6 月, 吉尔吉斯斯坦发生骚乱, 撤侨 1299 名; 2011 年 2 月, 埃及局势紧张, 撤侨 1848 名; 2011 年 2 月, 利比亚局势紧张, 撤侨 35860 名.

随着局势的发展，海外撤侨成为保障中国公民权益的必要手段. 然而当前大多着眼于撤侨过程中的外交、舆论等，如何有效快速进行最大人数的撤离尚未得到较多研究. 基于马尔可夫决策分析方法，提出本文模型.

马尔可夫决策过程是基于马尔可夫过程理论的随机动态系统的最优决策过程. 马尔可夫决策过程是序贯决策的主要研究领域. 它是马尔可夫过程与确定性的动态规划相结合的产物，故又称马尔可夫型随机动态规划，属于运筹学中数学规划的一个分支.

9.4.1 撤侨模型的建立步骤

撤侨模型的建立包括以下几个方面.

(1) 系统边界确定

系统边界的确定主要取决于撤侨过程中的限制因素以及我们研究和关心的变量，以此为中心可以容易地确定系统边界. 由于本文研究的主体是国家撤侨方案，所以研究的边界只涉及与本问题相关的实体，包括 B 国的侨民人数，B 国撤至各中转国的侨民人数，由各中转国撤回 A 国的侨民人数，A 国侨民到达安全地带的总人数 (包括暂留在各中转国的人数、回到 A 国的总人数以及暂时在各条航线上航行的总人数)，从各中转国租赁到飞机、客轮的数量及运输能力，A 国能调动的飞机的数量及运输能力，以及每条航线上的折损因子. 本书仅研究以上实体间由于相互关系而构成的系统，不考虑其他限制条件对结果的影响.

(2) 撤侨环境与过程的基本假设

国家大规模撤侨活动中具有诸多不确定因素，本文旨在对撤侨时的关键影响因素进行分析，为了更好地使用马尔可夫链进行分析撤侨的动态变化过程，故对国家撤侨过程进行了适当的抽象和简化 (图 9.11). 提出如下假设：

1. 反应撤侨的效果的指标：在一定天数 limit_time 内，转移到安全地带的总人数；
2. B 国突然发生骚乱，A 国进行撤侨，B 国与 A 国相距很远；
3. 滞留在 B 国的侨民被聚集在机场/港口，且总数很大，每一架前来救援的飞机/客轮都能满载；
4. A 国在 B 国的侨民能够先撤到中转国 (C 国，D 国，E 国等)；
5. A 国外交形象良好，可以在中转国租借到一定数量的飞机/客轮……
6. 中转国提供的飞机和客轮的满载运送能力为 p 人/天，(p 是一个向量，其维数由中转国个数决定)，下一天的满载运送能力会降低，折扣因子为 α_1；
7. 中转国每天安置新增 A 国侨民的能力并不是无限的，A 国需要将中转的侨民及时转移. 设中转国每天能新容纳的侨民上限为 q 人（q 是一个向量，其维数由中转国个数决定）；

8. A 国希望使尽可能多的侨民离开危险的 B 国，但能调动的飞机不是无限的，设飞机数量的上限是 limit_plane 架，飞机载客量为 a 人/架；

9. 从各中转国到 A 国的人员运输，只由 A 国的飞机完成；从 B 国到 A 国的人员运输，只由 A 国的飞机完成；从 B 国到各中转国的人员运输，只由从该中转国租借到的飞机完成；

10. 由于 AB 国间相距很远，A 国飞机每天只能往返一次，飞机完成每次运输后，折扣因子为 α_2（在之后的撤侨行动中不能再投入使用），α_2 是一个向量，其维数由往返航线数决定.

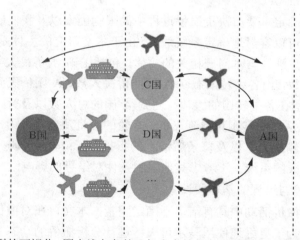

图 9.11　撤侨模型的可视化. 图中浅灰色的飞机和客轮由各中转国租赁得到，深灰色的飞机是 A 国调动本国资源得到. 其中本文要解决的决策问题是 A 国如何分配从本国调动的飞机.

(3) 实例分析——基于马尔可夫过程的利比亚撤侨问题

首先进行因果回路分析，在明确系统基本模型并建立基本假设后，需要分析因果回路图以方便抽象成数学表达. 因果回路图就是形象化系统各要素之间的联系表征分析图，是描绘复杂系统联系的强有力的工具.

现根据我们的撤侨模型设立一个骚乱国"利比亚"，即模型中的"B 国"；设立两个中转国"突尼斯""希腊"，即模型中的"C 国"；设立"中国"为撤侨最终目的地"A 国". 由假设 4、9 可知涉及的撤侨线路包括 5 条，分别为：

1. 通过 C1 国突尼斯的交通工具将 B 国利比亚的华侨先撤往 C1 国突尼斯；
2. 通过 C2 国希腊的交通工具将 B 国利比亚的华侨先撤往 C2 国希腊；

3. 通过 A 国中国的交通工具将 C1 国突尼斯的华侨撤回 A 国中国；
4. 通过 A 国中国的交通工具将 C2 国希腊的华侨撤回 A 国中国；
5. 通过 A 国中国的交通工具将 B 国利比亚的华侨直接撤回 A 国中国.

然后进行存量流量分析. 存量流量图是在因果回路图的基础上进一步分析变量之间联系的方式，用更加直观的符号刻画系统各要素之间的逻辑关系，明确系统规律. 国家撤侨过程存量流量图是一种租用外籍客车、客轮和调用客机进行大规模人员转移的结构描述，其图形表达的逻辑比叙述更为直观、准确，如图 9.12 所示. 国家撤侨过程存量流量图由 9 个变量组成，其中阶段变量 1 个、状态变量 3 个、策略变量 5 个. 阶段变量为 $k(k=1,2,3,4,5,\cdots)$ 代表天数，由于不需考虑中转国的分配问题，可以直接假设一个阶段变量以求得 5 条线路的最佳分配策略；状态变量为：C1 国突尼斯的交通工具总数 S_{1k}，C2 国希腊的交通工具总数 S_{2k}，A 国中国的交通工具总数 S_{3k}；策略变量为：通过 C1 国突尼斯将 B 国利比亚的华侨先撤往 C1 国突尼斯的交通工具数量 u_{1k}，通过 C2 国希腊将 B 国利比亚的华侨先撤往 C2 国希腊的交通工具数量 u_{2k}，通过 A 国中国将 C1 国突尼斯的华侨撤回 A 国中国的交通工具数量 u_{3k}，通过 A 国中国将 C2 国希腊的华侨撤回 A 国中国的交通工具数量 u_{4k}，通过 A 国中国将 B 国利比亚的华侨直接撤回 A 国中国的交通工具数量 u_{5k}.

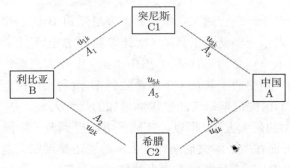

图 9.12　利比亚撤侨模型图

根据国家撤侨过程存量流量图建立如下阶段方程组：

$$\begin{cases} S_{1\ k+1} = -\alpha_1 u_{1k} + S_{1k} \\ S_{2\ k+1} = -\alpha_2 u_{2k} + S_{2k} \\ S_{3\ k+1} = -\alpha_3 u_{3k} - \alpha_4 u_{4k} - \alpha_5 u_{5k} + S_{3k} \end{cases} \quad (9.2)$$

公式(9.2)中 α_1 表示交通工具从 C1 国突尼斯到 B 国利比亚往返一个阶段损坏的

概率，α_2 表示交通工具从 C2 国希腊到 B 国利比亚往返一个阶段损坏的概率，α_3 表示交通工具从 A 国中国到 C1 国突尼斯往返一个阶段损坏的概率，α_4 表示交通工具从 A 国中国到 C2 国希腊往返一个阶段损坏的概率，α_5 表示交通工具从 A 国中国到 B 国利比亚往返一个阶段损坏的概率；S_{1k} 表示阶段 k 对应的 C1 国突尼斯完好的交通工具总数，S_{2k} 表示阶段 k 对应的 C2 国希腊完好的交通工具总数，S_{3k} 表示阶段 k 对应的 A 国中国完好的交通工具总数；$S_{1\ k+1}$ 表示阶段 $k+1$ 对应的 C1 国突尼斯完好的交通工具总数，$S_{2\ k+1}$ 表示阶段 $k+1$ 对应的 C2 国希腊完好的交通工具总数，$S_{3\ k+1}$ 表示阶段 $k+1$ 对应的 A 国中国完好的交通工具总数. 所以，在 $k+1$ 阶段在 C1 国突尼斯的完好交通工具数量等于在 k 阶段在 C1 国突尼斯的完好交通工具数量减去在线路 1 上折损的交通工具数量. C2 国希腊同理. A 国中国略有不同，是由于其交通与工具按照假设往返于 3、4、5 三条线路.

策略限制条件方程组为：

$$\begin{cases} 0 \leqslant u_{1k} \leqslant S_{1k} \\ 0 \leqslant u_{1k}A_1 - u_{3k}A_3 \leqslant B_1 \\ 0 \leqslant u_{2k}A_2 - u_{4k}A_4 \leqslant B_2 \end{cases} \tag{9.3}$$

公式(9.3)中，A_1 表示一辆交通工具从 C1 国突尼斯到 B 国利比亚往返一个阶段运送的人数，A_2 表示一辆交通工具从 C2 国希腊到 B 国利比亚往返一个阶段运送的人数，A_3 表示一辆交通工具从 A 国中国到 C1 国突尼斯往返一个阶段运送的人数，A_4 表示一辆交通工具从 C2 国希腊到 B 国利比亚往返一个阶段运送的人数；B_1 表示 C1 国突尼斯每天能够接纳增加的最大人数，B_2 表示 C2 国希腊每天能够接纳增加的最大人数. 所以，策略一方面受到前一阶段完好的交通工具数量的影响，一方面在 C1 国突尼斯和 C2 国希腊还受到每天能够接纳增加的最大人数的限制，即 C1 国突尼斯每天运来的华侨减去运回 A 国中国的华侨人数应不超过 C1 国突尼斯每天能够接纳增加的最大人数.

代价函数为：

$$J_{k+1} = J_k + u_{1k}A_1 + u_{2k}A_2 + u_{5k}A_5 \tag{9.4}$$

J_{k+1} 表示在第 $k+1$ 阶段撤到安全地域的华侨总人数，其为第 k 阶段撤到安全地域的华侨总人数加第 k 阶段在 1、2、5 三条路线上运走的华侨人数. 而第 k 阶段在 1、2、5 三条路线上运走的华侨人数为每条路线上分配交通工具数目 (策略) 乘以一辆交通工具容纳量的和.

9.4.2 利比亚撤侨问题的 MATLAB® 仿真

(1) 参数选择

在选择本马尔可夫决策模型中每一个参数的取值的时候参考了利比亚撤侨时的实际情况, 具体选择的过程如下:

考虑到中转国突尼斯和希腊采用了轮船从利比亚接送乘客, 轮船能承载的人数较多, 所以利比亚—突尼斯和利比亚—希腊路径上每一辆交通工具能搭载的人数 A_1 和 A_2 取为 2000. 中国派出的大多是民航航班, 每架飞机能接送的人数 A_3、A_4 取为 300.

根据中国领事网的信息, 2011 年 2 月 22 日至 3 月 5 日, 中国政府协调派出 91 架次民航包机、12 架次军机, 5 艘货轮、1 艘护卫舰, 租用 35 架次外国包机、11 艘次外籍邮轮参与撤侨行动. 利比亚—突尼斯和利比亚—希腊路径上的交通工具 (主要是邮轮) 数目 (S_1、S_2) 设为 5, 中国能向利比亚、突尼斯和希腊派出的飞机数目 (S_3) 取为 20.

根据中国领事网的信息, 截至 2011 年 2 月 28 日 10 时, 暂时安置在第三国的约 23000 人中, 在希腊克里特岛约 10000 人, 在马耳他约 1600 人, 在突尼斯杰尔巴岛约 11000 人, 在苏丹喀土穆和阿联酋迪拜约 400 人. 因此在撤侨模型中假设每一阶段在每个中转国家增加的人数是有限的, 这个数目 (B_1、B_2) 设为 5000.

由于利比亚—突尼斯和利比亚—希腊路径路程比较短, 设这两条路径上的折损概率 a_1、a_2 最小, 为 0.1, 中国—突尼斯和中国—希腊路径较长, 设折损概率 a_3、a_4 为 0.2, 而中国—利比亚路径最长, 设这条路径的折损概率为 0.3.

(2) 程序代码

在此用 MATLAB® 软件编写程序对本马尔可夫决策模型进行求解. 在实现时使用 MATLAB® 的线性规划功能, 代码如下:

```
1    clear
2    A1=2000;
3    A2=2000;
4    A3=300;
5    A4=300;%每辆运输工具运载的人数
6    S1=5;
7    S2=5;
8    S3=20;%各个国家运输工具的数目
9    B1=3000;
10   B2=3000;%中转国家的逗留人数
```

```
11    a1=0.1;
12    a2=0.1;
13    a3=0.2;
14    a4=0.2;
15    a5=0.3;%损耗概率
16    %设计为[s11,s21,s31,u11,u21,u31,u41,u51,s12,s22,s32,u12,u22,u32,u42,
          u52,s13,s23,s33,u13,u23,u33,u43,u53,s14,s24,s34,u14,u24,u34,u44,u54,
          s15,s25,s35,u15,u25,u35,u45,u55]其中 s 代表状态,是运输工具的架数,第
          一个角标 1,2,3 分别表示是突尼斯,希腊,中国的运输工具的架数,第二个角
          标代表阶段.u 代表策略,第一个角标表示不同路线,具体的对应见图 2,第二个
          角标代表阶段
17    %函数本身求最小值,所以加负号获得最大值
18    c=-[0,0,0,A1,A2,0,0,A3,0,0,0,A1,A2,0,0,A3,0,0,0,A1,A2,0,0,A3,0,0,0,A1,
          A2,0,0,A3,0,0,0,A1,A2,0,0,A3];
19    %要求  u1k<=S1k, u2k<=S2k,u3k+u4k+u5k<=s3k,u1k*A1-u3k*A3<=B1,u2k*A2-u4k*
          A4<=B2
20    a=[-1,0,0,1,0,0,0,0,0,0,0,0,0,0,0,0,0,0,0,0,0,0,0,0,0,0,0,0,0,0,0,0,
          0,0,0,0,0,0,0,0;
21    0,0,0,0,0,0,0,0,-1,0,0,1,0,0,0,0,0,0,0,0,0,0,0,0,0,0,0,0,0,0,0,0,
          0,0,0,0,0,0,0,0;
22    0,0,0,0,0,0,0,0,0,0,0,0,0,0,0,0,-1,0,0,1,0,0,0,0,0,0,0,0,0,0,0,0,
          0,0,0,0,0,0,0,0;
23    0,0,0,0,0,0,0,0,0,0,0,0,0,0,0,0,0,0,0,0,0,0,0,0,-1,0,0,1,0,0,0,0,
          0,0,0,0,0,0,0,0;
24    0,0,0,0,0,0,0,0,0,0,0,0,0,0,0,0,0,0,0,0,0,0,0,0,0,0,0,0,0,0,0,0,-1,0,
          0,1,0,0,0,0;
25    0,-1,0,0,1,0,0,0,0,0,0,0,0,0,0,0,0,0,0,0,0,0,0,0,0,0,0,0,0,0,0,0,
          0,0,0,0,0,0,0,0;
26    0,0,0,0,0,0,0,0,0,-1,0,0,1,0,0,0,0,0,0,0,0,0,0,0,0,0,0,0,0,0,0,0,
          0,0,0,0,0,0,0,0;
27    0,0,0,0,0,0,0,0,0,0,0,0,0,0,0,0,0,-1,0,0,1,0,0,0,0,0,0,0,0,0,0,0,
          0,0,0,0,0,0,0,0;
28    0,0,0,0,0,0,0,0,0,0,0,0,0,0,0,0,0,0,0,0,0,0,0,0,0,-1,0,0,1,0,0,0,
          0,0,0,0,0,0,0,0;
29    0,0,0,0,0,0,0,0,0,0,0,0,0,0,0,0,0,0,0,0,0,0,0,0,0,0,0,0,0,0,0,0,0,-1,
          0,0,1,0,0,0;
30    0,0,-1,0,0,1,1,1,0,0,0,0,0,0,0,0,0,0,0,0,0,0,0,0,0,0,0,0,0,0,0,0,
          0,0,0,0,0,0,0,0;
```

```
0,0,0,0,0,0,0,0,0,0,-1,0,0,1,1,1,0,0,0,0,0,0,0,0,0,0,0,0,0,0,0,
0,0,0,0,0,0;
0,0,0,0,0,0,0,0,0,0,0,0,0,0,0,0,0,-1,0,0,1,1,1,0,0,0,0,0,0,0,0,
0,0,0,0,0,0;
0,0,0,0,0,0,0,0,0,0,0,0,0,0,0,0,0,0,0,0,0,0,0,0,-1,0,0,1,1,1,0,0,
0,0,0,0,0,0;
0,0,0,0,0,0,0,0,0,0,0,0,0,0,0,0,0,0,0,0,0,0,0,0,0,0,0,0,0,0,0,0,
-1,0,0,1,1,1;
0,0,0,A1,0,-A3,0,0,0,0,0,0,0,0,0,0,0,0,0,0,0,0,0,0,0,0,0,0,0,0,0,
0,0,0,0,0,0,0;
0,0,0,0,0,0,0,0,0,0,A1,0,-A3,0,0,0,0,0,0,0,0,0,0,0,0,0,0,0,0,0,0,
0,0,0,0,0,0,0;
0,0,0,0,0,0,0,0,0,0,0,0,0,0,0,0,0,A1,0,-A3,0,0,0,0,0,0,0,0,0,0,0,
0,0,0,0,0,0,0;
0,0,0,0,0,0,0,0,0,0,0,0,0,0,0,0,0,0,0,0,0,0,0,0,A1,0,-A3,0,0,0,
0,0,0,0,0,0,0;
0,0,0,0,0,0,0,0,0,0,0,0,0,0,0,0,0,0,0,0,0,0,0,0,0,0,0,0,0,0,0,0, 0,
A1,0,-A3,0,0;
0,0,0,0,0,A2,0,-A4,0,0,0,0,0,0,0,0,0,0,0,0,0,0,0,0,0,0,0,0,0,0,0,
0,0,0,0,0,0,0;
0,0,0,0,0,0,0,0,0,0,0,0,A2,0,-A4,0,0,0,0,0,0,0,0,0,0,0,0,0,0,0,0,
0,0,0,0,0,0,0;
0,0,0,0,0,0,0,0,0,0,0,0,0,0,0,0,0,0,0,A2,0,-A4,0,0,0,0,0,0,0,0,0,
0,0,0,0,0,0,0;
0,0,0,0,0,0,0,0,0,0,0,0,0,0,0,0,0,0,0,0,0,0,0,0,0,0,A2,0,-A4,0,
0,0,0,0,0,0,0,0;
0,0,0,0,0,0,0,0,0,0,0,0,0,0,0,0,0,0,0,0,0,0,0,0,0,0,0,0,0,0,0,0,
0,0,A2,0,-A4,0;
1,0,0,0,0,0,0,0,0,0,0,0,0,0,0,0,0,0,0,0,0,0,0,0,0,0,0,0,0,0,0,0,
0,0,0,0,0,0;
0,1,0,0,0,0,0,0,0,0,0,0,0,0,0,0,0,0,0,0,0,0,0,0,0,0,0,0,0,0,0,0,
0,0,0,0,0,0;
0,0,1,0,0,0,0,0,0,0,0,0,0,0,0,0,0,0,0,0,0,0,0,0,0,0,0,0,0,0,0,0,
0,0,0,0,0,0;];
b=[0,0,0,0,0,0,0,0,0,0,0,0,0,0,B1,B1,B1,B1,B1,B2,B2,B2,B2,B2,S1,S2,
S3];
%状态转移方程
aeq=[1,0,0,-a1,0,0,0,0,-1,0,0,0,0,0,0,0,0,0,0,0,0,0,0,0,0,0,0,
```

```
52      0,0,0,0,0,0,0,0,0,0,0,0,0;
        0,0,0,0,0,0,0,0,1,0,0,-a1,0,0,0,0,-1,0,0,0,0,0,0,0,0,0,0,0,0,0,
        0,0,0,0,0,0,0;
53      0,0,0,0,0,0,0,0,0,0,0,0,0,0,0,0,1,0,0,-a1,0,0,0,0,-1,0,0,0,0,0,0,
        0,0,0,0,0,0,0;
54      0,0,0,0,0,0,0,0,0,0,0,0,0,0,0,0,0,0,0,0,0,0,0,1,0,0,-a1,0,0,0,0,-1,
        0,0,0,0,0,0,0;
55      0,1,0,0,-a2,0,0,0,0,-1,0,0,0,0,0,0,0,0,0,0,0,0,0,0,0,0,0,0,0,0,0,
        0,0,0,0,0,0,0;
56      0,0,0,0,0,0,0,0,1,0,0,-a2,0,0,0,0,-1,0,0,0,0,0,0,0,0,0,0,0,0,0,0,
        0,0,0,0,0,0,0;
57      0,0,0,0,0,0,0,0,0,0,0,0,0,0,0,0,1,0,0,-a2,0,0,0,0,-1,0,0,0,0,0,0,
        0,0,0,0,0,0,0;
58      0,0,0,0,0,0,0,0,0,0,0,0,0,0,0,0,0,0,0,0,0,0,0,1,0,0,-a2,0,0,0,0,
        -1,0,0,0,0,0,0;
59      0,0,1,0,0,-a3,-a4,-a5,0,0,-1,0,0,0,0,0,0,0,0,0,0,0,0,0,0,0,0,0,0,
        0,0,0,0,0,0,0,0,0;
60      0,0,0,0,0,0,0,0,0,0,1,0,0,-a3,-a4,-a5,0,0,-1,0,0,0,0,0,0,0,0,0,0,
        0,0,0,0,0,0,0,0,0;
61      0,0,0,0,0,0,0,0,0,0,0,0,0,0,0,0,0,0,1,0,0,-a3,-a4,-a5,0,0,-1,0,0,0,0,
        0,0,0,0,0,0,0,0;
62      0,0,0,0,0,0,0,0,0,0,0,0,0,0,0,0,0,0,0,0,0,0,0,0,0,0,1,0,0,-a3,-a4,-a5,
63      0,0,-1,0,0,0,0,0];
64      beq=[0,0,0,0,0,0,0,0,0,0,0,0,0;];
65      [x,s]=linprog(c,a,b,aeq,beq,zeros(40,1),10000*ones(40,1));
66      %根据题目要求,决策变量和状态变量为整数,采用四舍五入取整
67      x1=round(x);
68      %最终运送物资总量
69      people=-c*x1;
70      disp(x1);
```

(3) 运行结果

运行以上程序得到的结果是在 5 天之内,总共撤出了 48600 位华侨. 其中每一阶段的状态和策略如表 9.8 所示.

9.4.3 结论与总结

本节建立了一个基于马尔可夫决策的撤侨模型,由于实际情况比较复杂,在应用马尔可夫决策模型时进行了适当的简化. 这个撤侨模型以可以运行的运载工

具数目为状态变量,以每条路径上分配的运输工具数目为策略,状态转移方程由不同航线上的飞机、客轮的折损概率得到,收益函数是成功从发生动乱国家转移出的人员的数量. 根据 2011 年利比亚撤侨的真实情况设定参数,用 MATLAB® 编写程序计算出最佳策略和 5 天内能撤出的最多华侨人数,为 48600 人.

表 9.8 用马尔可夫决策过程分析撤侨问题中每一阶段的状态和策略表

	S_{1k}	S_{2k}	S_{3k}	u_{1k}	u_{2k}	u_{3k}	u_{4k}	u_{5k}
$k=1$	5	5	20	3	3	10	10	0
$k=2$	4	4	16	3	3	8	8	0
$k=3$	3	3	13	2	2	6	6	0
$k=4$	3	3	10	2	2	5	5	0
$k=5$	3	3	8	2	2	3	3	2

第 10 章 其他常用算法介绍

前面的章节主要围绕以贝尔曼方程为核心的马尔可夫决策过程及方法展开,一方面大部分问题都可以满足或近似满足马尔可夫性;另一方面这一方法有较为成熟完备的理论体系,在实际问题中的应用也十分广泛. 但是, 公共安全决策面对的问题具有多样性和复杂性, 没有所谓最好的方法可以一劳永逸地解决所有问题, 我们往往需要从各种方法中选择最合适的用于获取最优决策. 本章我们就对其他常用的一些算法进行介绍, 我们将给出这些算法的基本思路和流程, 并通过简例来帮助理解其过程.

10.1 贪婪算法

贪婪算法又称贪心算法, 是指在对问题求解时, 总是做出在当前看来最好的选择, 而并没有从整体最优上加以考虑, 因此所做出的是在某种意义上的局部最优解. 贪婪算法没有固定的算法框架, 算法设计的关键是贪婪策略的选择. 必须注意的是, 贪婪算法不是对所有问题都能得到整体最优解, 选择的贪婪策略必须具备无后效性, 即某个状态以后的过程不会影响以前的状态, 只与当前状态有关.

【例题 10.1】 假设某海域发生轮船倾覆事故, 现需派出若干小型救援艇将受困人员转移到陆地, 已知每艘船有最大限重 $G_{\max}$, 且出于安全考虑每艘救援艇最多允许同时搭载两人, 但是其重量之和必须小于最大限重, 求何种转移策略可以使将所有人安全转移所需要的救生艇数量最少.

【解答】 要需用的船最少, 自然要使尽可能多的人一起组队. 因此本例最直观的思路就是尽量使得重量之和最接近 $G_{\max}$ 的两个人一起上船, 但通过两两穷举的办法来做显然不可行. 实际上, 我们只需要依照如下策略进行转移: 如果当前最重的人可以与最轻的人共用一艘救生艇, 那么就让他们乘一艘救生艇离开. 否则意味着最重的人无法与任何人配对, 那么他就自己独自乘一艘船. 尽管这样做不能保证上救生艇的两个人重量和是最接近 $G_{\max}$ 的, 但是原本与最重的人配对

后总重量最接近 $G_{\max}$ 的那个人之后也必然能与某个人配对 (既然他能与当前最重的人配对), 即按照该贪心策略得到的恰为最优解.

10.2 分治算法

从字面上不难理解, 分治算法的思路是"分而治之", 就是把一个复杂的问题分成两个或更多相同或相似的子问题, 再把子问题分成更小的子问题······直到最后的某个最小子问题可以简单地直接求解, 而原问题的解即子问题解的不断合并. 这个技巧是很多高效算法的基础, 如排序算法 (快速排序, 归并排序), 傅里叶变换 (快速傅里叶变换).

分治算法与 3.2 节中所讲的动态规划算法在思路上十分相似, 事实上, 两者都要求问题具有最优子结构性质, 进而才能完成问题的分解与解的合并. 但两者也存在明显的区别, 分治算法是采用自上而下的方式求值, 它不具有动态规划算法中的重叠子问题特性, 而是将子问题视作独立的问题, 从而导致了不止一次的递归调用; 而动态规划算法是采取自下向上的方式递推求值, 并把中间结果存储起来, 不同子问题之间有重叠计算的部分, 将这些重复计算的内容预先保存有利于后续计算. 下面我们通过一个例子来理解分治算法的求解过程.

【例题 10.2】 人们在投资理财的过程中往往需要根据行业形势和股市近期表现等因素选择一个最佳的投资期, 我们将此问题抽象简化为下面的例子: 假设已知某种投资产品在一年内每一天的收益亏损值, 正值表示收益, 负值表示损失, 要求一段最佳的投资期, 使得该时期内总收益最大.

【解答】 上述问题可进一步形式化为如下表述: 给定一个整数数组, 找出总和最大的连续子数组. 例如, 对于数组 $[-2, 1, -3, 4, -1, 2, 1, -5, 4]$, 总和最大子数组为 $[4, -1, 2, 1]$. 同样地, 这也可以通过对所有连续子数组穷举来实现, 但最大总和连续子数组的长度并不确定, 这样做代价太大. 我们考虑通过分治算法来解决这一问题, 即不断缩小待求解数组的长度, 关键在于如何将子问题的解进行合并.

对于一个区间 $[l, r]$, 我们维护以下 4 个量:

l_{sum} 表示 $[l, r]$ 以 l 为左端点的最大连续子数组和;

r_{sum} 表示 $[l, r]$ 以 r 为右端点的最大连续子数组和;

m_{sum} 表示 $[l, r]$ 最大连续子数组和;

i_{sum} 表示 $[l, r]$ 的区间和;

令 $m = \lfloor (l + r)/2 \rfloor$ 欲求其最大总和子数组, 我们将区间 $[l, r]$ 的问题分解为

区间 $[l,m]$ 和区间 $[m+1,r]$ 两个子问题 (即待求解数组长度减半).

$[l,r]$ 的 i_{sum} 就等于 $[l,m]$ 的 i_{sum} 加上 $[m+1,r]$ 的 i_{sum};

$[l,r]$ 的 l_{sum} 等于 $[l,m]$ 的 l_{sum} 与 $[l,m]$ 的 i_{sum} 加上 $[m+1,r]$ 的 l_{sum} 中较大的一个;

$[l,r]$ 的 r_{sum} 等于 $[m+1,r]$ 的 r_{sum} 与 $[m+1,r]$ 的 i_{sum} 加上 $[l,m]$ 的 r_{sum} 中较大的一个;

欲求的 $[l,r]$ 的 m_{sum} 对应的区间可能跨越了 m, 也可能没有跨越, 我们只需要在 $[l,m]$ 的 m_{sum}、$[m+1,r]$ 的 m_{sum}、$[l,m]$ 的 r_{sum} 加上 $[m+1,r]$ 的 l_{sum} 这三者中较大的一个即可.

这样原问题就得到了解决, 假设待求解数组的长度为 n, 则算法分析的有关理论可以给出上述求解过程的时间复杂度为 $O(n)$.

实际上, 本题也可以通过贪心算法或动态规划算法得到类似时间复杂度的解, 留作读者思考.

10.3 回溯法

回溯法类似枚举的搜索尝试过程, 主要是在搜索尝试过程中寻找问题的解, 当发现已不满足求解条件时, 就"回溯"返回, 尝试别的路径. 回溯法是一种选优搜索法, 按选优条件向前搜索, 以达到目标. 但当探索到某一步时, 发现之前的选择并不理想或达不到目标, 就退回一步重新选择, 这种走不通就退回再走的技术为回溯法, 而满足回溯条件的某个状态的点就称为"回溯点".

可以看出回溯法是一种对解空间树进行深度优先搜索的求解方法, 在这一过程中对解空间树按以下两个准则进行剪枝:

1. 用约束条件剪去得不到可行解的子树;
2. 用目标函数剪去得不到最优解的子树.

下面我们通过一个例子来理解回溯法的求解过程.

【例题 10.3】 在洪涝灾害发生后, 需要对工厂设备进行紧急转移, 受限于救援车辆的载重限制, 我们只能优先选择总价值最大的设备组合进行转移. 这里我们只考虑一个最简单的例子: 假设有 4 件设备, 其重量分别为 3t、5t、2t 和 1t, 价值分别为 9 万元、10 万元、7 万元和 4 万元, 已知车辆限载重 7t, 求如何装入可以使总价值最大.

【解答】 上述问题中, 约束条件即已装入物品的总重量不能超过车辆载重限制, 而目标函数则是总价值. 对于左子树, 表示放入某件设备, 若不违反约束条件则总是向下搜索，否则剪枝；而对于右子树，表示不放入某件物品，若向下搜索得到的解已不可能比当前最优解好 (例如该节点已通过一直向左子树扩展至叶节点得到了一个可行解)，则不再对该右子树继续搜索.

我们将对解空间树的搜索和剪枝，表示为图 10.1，其中节点数字表示搜索的先后顺序 (注意体会深度优先的搜索和回溯的过程)，节点旁边给出了当前总价值和总重量，节点上的打叉标记以及虚线引出的右子树表示剪枝.

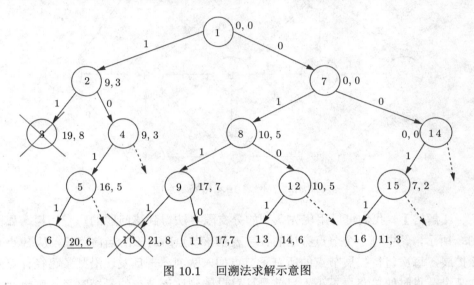

图 10.1　回溯法求解示意图

这样，我们就可以得到最大总价值为 20，不装入第 2 件设备时总价值最大.

10.4　分支限界法

分支限界法类似于回溯法，也是一种在问题的解空间树 T 上搜索问题解的算法. 但在一般情况下，分支限界法与回溯法的求解目标不同. 回溯法的求解目标是找出 T 中满足约束条件的所有解，而分支限界法的求解目标则是找出满足约束条件的一个解，或是在满足约束条件的解中找出使某一目标函数值达到极大或极小的解，即在某种意义下的最优解. 由于求解目标不同，导致分支限界法与回溯法在解空间树 T 上的搜索方式也不相同. 回溯法以深度优先的方式搜索解空间树 T，而分支限界法则以广度优先或以最小耗费优先的方式搜索解空间树 T.

在分支限界法中，每一个活节点只有一次机会成为扩展节点. 活节点一旦成为扩展节点，就一次性产生其所有子节点. 在这些子节点中，导致不可行解或导致非最优解的子节点被舍弃，其余子节点被加入活节点表中. 此后，从子节点列表中取下一节点成为当前扩展节点, 并重复上述节点扩展过程. 这个过程一直持续到找到所需的解或活节点表为空时为止.

【例题 10.4】 考虑我们前面已经数次讨论过的最短路径问题, 对于如图 10.2 所示的道路系统, 采用分支限界法求解从 S 到 T 的最短路径.

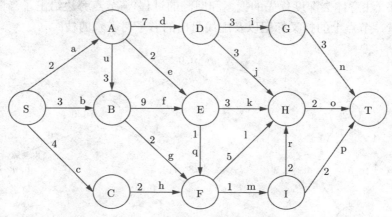

图 10.2 例题 10.4 道路示意图

【解答】 我们可以用优先队列的分支限界法得到该问题的解空间树, 如图 10.3 所示, 其中每一个节点旁边的数字表示该节点所对应的当前路长, 从 S 点开始扩展, 每次将待扩展节点的所有子节点加入队列, 一旦发现沿某条路径计算到达某个节点时的总路径不小于目前已计算过的到达该节点的最短路径, 则将此路径上以该节点为根的子树剪去, 这一过程称为剪枝. 图中打叉的节点就表示搜索过程中被剪枝的根节点. 这样做的理由在于, 若当前总路径等于已有最短路径,

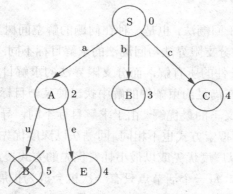

图 10.3 由 A 扩展至 B 时发生首次剪枝

则会产生重复的子树，而若当前总路径大于已有最短路径，则该子树最终的解必然已经不是最优解.

例如，首先扩展 S，将其子节点 A、B、C 加入队列，之后扩展当前最短路径的 A，其子节点为 B 和 E，此时我们发现该条路径上到达 B 时的路径长度 5 已经小于 S 直接扩展得到的当前最短路径 3，因此将该路径下以 B 为根节点的子树剪去. 这一过程如图 10.3 所示，节点旁边的数字表示沿扩展路径到达该节点时的总路径长度，打叉表示剪枝.

之后的过程依此类推，可以得到整个求解树及剪枝的过程如图 10.4 所示.

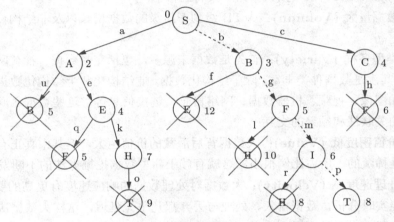

图 10.4　求解树生成及剪枝过程

由此我们可以得到最优路径为 S → B → F → I → T，如图 10.5 所示.

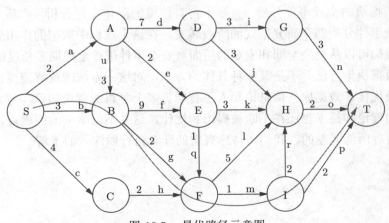

图 10.5　最优路径示意图

10.5 大数据决策方法概述

本书之前介绍的所有方法都有比较成熟的理论体系和模型定义，随着社会信息化发展的不断推进，一方面我们产生和可以获取的数据有了数量级的增长，例如灾害事故平台和智慧城市平台对日常安全数据的监测与收集；另一方面以深度学习为代表的新一轮人工智能领域的技术发展使得我们可以更高效地从数据中进行学习和特征提取. 这两者使得数据驱动的决策也越来越受到研究者的关注.

大数据是一个比较抽象的概念，仅仅数量上的庞大并不足以概括大数据的内涵，我们通常用 4V 来概括大数据所具有的特征.

1. **数据量大 (Volumn)**：从 TB 级到 PB 级的数据增长以及非结构化数据的重要性更高；

2. **类型多样 (Variety)**：首先是数据来源多，包括交易数据、社交网站、传感器等. 其次是数据种类丰富，除了结构化数据，非结构化和半结构化数据也大量存在，如图像、视频、机器数据、网络日志、链接信息等，这些数据之间往往还有较强的关联性和频繁的交互；

3. **价值密度低 (Value)**：大数据背后潜藏的价值巨大，但其中真正有价值的数据却是稀疏的，所占比例很小，这就有赖于新型数据挖掘方法的不断发展；

4. **处理速度高 (Velocity)**：大数据对处理数据的响应速度有更高的要求，我们希望能实时分析，数据输入、处理与丢弃都几乎无延迟，这样大数据决策方法才得以在现实中广泛应用.

在公共安全领域，基于数据的决策也正变得越来越常见，例如安全事件的分析，从 20 世纪 90 年代到今天，我们大致经历了基于实验归纳的个体事件分析 → 基于模型推演的交互事件分析 → 基于仿真模拟的群体事件分析 → 基于数据驱动的复杂事件分析四个研究范式的阶段转变，在这个过程中数据的作用变得越来越大，我们可以从更为全面和宏观的层面对安全事件进行全周期多角度的分析.

大数据决策方法并不是某一种具体的方法，对这一方法的理解需要读者有运筹学、最优化、数据库、信息论和人工智能等多个学科的背景知识，与大数据决策相关的理论和技术也还在不断被提出和优化，这并不是本书的侧重点，也远不是本书内容所能涵盖的，我们留待感兴趣的读者自行做深入的了解.

附录

数学基础补充内容

1. **随机现象**：随机现象是指一个随机的、偶然的自然现象或者社会现象，它与必然现象是相对的. 例如"中国今年有区域在下雨"就是必然的，而降水量的多少却是随机的. 我们引入**概率**来描述随机事件发生可能性的大小. 一个随机事件可以用 X 来表示.

2. **条件概率**：事件 B 在另外一个事件 A 已经发生条件下的发生概率，记为 $P(B|A)$：

$$P(B|A) = \frac{P(A \cap B)}{P(B)}$$

在计算条件概率时，样本空间从原本的 S 变成了 B，有 $P(B|B) = 1$. 特别地，当两个事件不相交时，$P(A \cap B) = 0$，此时有 $P(A|B) = P(B|A) = 0$.

3. **全概率公式**：设 $B_1, B_2, \cdots, B_n$ 是样本空间 Ω 的一个分割，即 B_i 之间互不相容，且 $\bigcup_{i=1}^{n} B_i = \Omega$，若有 $P(B_i) > 0$，则对于任意事件 A 有：

$$p(A) = \sum_{i=1}^{n} p(B_i) p(A|B_i)$$

4. **贝叶斯公式**：

$$P(A|B_i) = \frac{P(AB_i)}{P(A)} = \frac{P(B_i)P(A|B_i)}{\sum P(B_j)P(A|B_j)}$$

5. **期望**：随机变量的期望就是随机变量依照概率分布加权求得的平均值，计算方法为：

$$E(g(X)) = \begin{cases} \displaystyle\int_{-\infty}^{+\infty} g(x) f_X(x) \mathrm{d}x, & \text{对于连续变量} \\ \displaystyle\sum_{x \in \mathcal{X}} g(x) P(X = x), & \text{对于离散变量} \end{cases}$$

若 $E(g(X)) = +\infty$,则称期望不存在.

6. **随机过程**:许多随机现象常常会随着时间而变化,因此它是一个与时间有关的"随机"的演化过程,在数学上称为随机过程,用 $\{X(t), t \geqslant 0\}$ 来表示. 例如我们抛掷一枚硬币,那么硬币的结果可能是正面或者反面,"抛掷一枚硬币"这个行为就是一个随机事件. 但如果我们反复进行这个操作,得到一个相互独立的事件序列,便称之为一个随机过程.

7. **范数**:在对线性空间进行研究时,我们需要对 $\mathbb{R}^n$(n 维向量空间) 中的向量 "大小" 引入某种度量,于是提出了向量 (或矩阵) 范数的概念. 向量范数概念是对三维欧氏空间中向量长度概念的推广. 向量的范数一般定义如下:

如果向量 $\boldsymbol{x} \in \mathbb{R}^n$ 的某个实值函数 $N(\boldsymbol{x}) = \|\boldsymbol{x}\|$ 满足条件:

(1)$\|\boldsymbol{x}\| \geqslant 0$($\|\boldsymbol{x}\| = 0$ 当且仅当 $\boldsymbol{x} = \boldsymbol{0}$)(正定条件);

(2)$\|\alpha \boldsymbol{x}\| = |\alpha| \|\boldsymbol{x}\|, \forall \alpha \in \mathbb{R}$;

(3)$\|\boldsymbol{x} + \boldsymbol{y}\| \leqslant \|\boldsymbol{x}\| + \|\boldsymbol{y}\|$(三角不等式);

则称 $N(\boldsymbol{x})$ 是 $\mathbb{R}^n$ 上的一个向量范数 (或模). 以下是几种常见的向量范数:

(a) **p 范数**:

$$\|\boldsymbol{x}\|_p = \left(\sum_{i=1}^n |x_i|^p\right)^{1/p}$$

(b) **1-范数 (绝对值范数)**:

$$\|\boldsymbol{x}\|_1 = \sum_{i=1}^n |x_i|$$

(c) **2-范数 (欧几里得范数)**:

$$\|\boldsymbol{x}\|_2 = \sqrt{x_1^2 + x_2^2 + \cdots + x_n^2}$$

(d) **∞-范数**:

$$\|\boldsymbol{x}\|_\infty = \max_{1 \leqslant i \leqslant n} |x_i|$$

参 考 文 献

[1] 刘克. 实用马尔可夫决策过程 [M]. 北京: 清华大学出版社, 2004.
[2] 程玮琪, 陈曦. 马尔可夫链: 模型、算法与应用 [M]. 北京: 清华大学出版社, 2015.
[3] 胡奇英, 刘建庸. 马尔可夫决策过程引论 [M]. 西安: 西安电子科技大学出版社, 2000.
[4] 范维澄, 刘奕, 翁文国, 等. 公共安全科学导论 [M]. 北京: 科学出版社, 2013.
[5] 郭立夫. 运筹学 [M]. 长春: 吉林大学出版社, 2002.
[6] Daniel W. Stroock. An introduction to Markov processes. New York: Springer, 2014.
[7] Sutton, Richard S, Barto, Andrew G. Reinforcement learning: an introduction. Cambridge, Massachusetts: The MIT Press, 2018.